Kohlhammer

Wirtschaft kontrovers
herausgegeben von Patrick Peters

Hüseyin Özdemir/
Rafael Sarim Özdemir

Navigieren im Wandel

Change-Management-Beratung zwischen Anspruch und Wirklichkeit

Verlag W. Kohlhammer

Dank

Wir möchten uns herzlich bei unserem Lektor Dr. Uwe Fliegauf sowie bei Prof. Dr. Patrick Peters, dem Herausgeber der Reihe „Wirtschaft kontrovers", und dem Kohlhammer Verlag bedanken, dass sie uns die Möglichkeit gegeben haben, uns intensiv und kritisch mit unserem Herzensthema, der Change-Management-Beratung, auseinanderzusetzen. Unser Dank gilt ebenso allen Mitarbeitenden des Kohlhammer Verlags, die tatkräftig an der Erstellung und Veröffentlichung dieses Buches mitgewirkt haben. Ein weiterer Dank geht an all unsere Kunden sowie die Teilnehmenden unserer Weiterbildungen in Coaching und Change Management – und nicht zuletzt an unser großartiges Team. Wir haben viel von euch und mit euch gelernt. Dafür danken wir euch von Herzen.

1. Auflage 2025

Alle Rechte vorbehalten
© W. Kohlhammer GmbH, Stuttgart
Gesamtherstellung:
W. Kohlhammer GmbH, Heßbrühlstr. 69, 70565 Stuttgart
produktsicherheit@kohlhammer.de

Print:
ISBN 978-3-17-045700-3

E-Book-Formate:
pdf: ISBN 978-3-17-045701-0
epub: ISBN 978-3-17-045702-7

Inhalt

1 Einleitung

In einer Zeit rasanter Veränderungen in Wirtschaft und Gesellschaft sehen sich Unternehmen vor große Herausforderungen gestellt. Der gegenwärtige ökonomische Paradigmenwechsel, der durch Fachkräftemangel, Generationswechsel in Belegschaften, globale politische Veränderungen, die aufkommende Purpose Economy (siehe auch Peters, 2023) und umfassende Digitalisierung geprägt ist, zwingt Unternehmen dazu, ihre Strategien und Strukturen zu überdenken und anzupassen. In diesem dynamischen Umfeld gewinnen die Themen Change Management und Effizienzsteigerung zunehmend an Bedeutung, da Unternehmen in der Lage sein müssen, flexibel und anpassungsfähig auf die sich verändernden Rahmenbedingungen zu reagieren.

Dieser Band zielt darauf ab, eine fundierte und kritische Auseinandersetzung mit der Rolle der Unternehmensberatung und den Change-Management-Methoden zu bieten. Wir werden uns nicht nur mit den Konzepten und Theorien beschäftigen, die das Feld prägen, sondern auch die praktischen Implikationen und Herausforderungen diskutieren, die sich aus der Anwendung dieser Ansätze in realen Veränderungsprozessen ergeben.

Die Notwendigkeit einer kritischen Betrachtung ergibt sich auch deswegen, weil Change Management und Effizienzsteigerung häufig als Allheilmittel für die komplexen Probleme moderner Organisationen dargestellt werden. Doch die Betriebspraxis zeigt, dass diese Konzepte weder einfach umzusetzen noch frei von Schwierigkeiten sind. Zahlreiche Veränderungsprozesse sind gescheitert oder haben unerwünschte Nebenwirkungen hervorgebracht. Diese Erfahrungen machen es notwendig, die Grundlagen und Annahmen, auf denen Change-Management-Strategien beruhen, gründlich zu hinterfragen und weiterzuentwickeln.

Ein zentraler Kritikpunkt, der immer wieder auftaucht, ist der häufig top-down orientierte Ansatz vieler Change-Management-Strategien, bei dem die Mitarbeitenden nicht ausreichend in den Prozess eingebunden werden. Diese Praxis führt oft zu Widerstand und geringer Akzeptanz auf der operativen Ebene, was den Erfolg von Veränderungsmaßnahmen gefährdet (Kotter, 1996; Armenakis et al., 1993). In vielen Fällen wird Change Management als eine rein technokratische Lösung für komplexe soziale und kulturelle Probleme betrachtet, ohne die tief verwurzelten kulturellen und sozialen Dynamiken innerhalb einer Organisation zu berücksichtigen (Kühl, 2015; Schein, 2010). Darüber hinaus kann der Fokus auf Effizienzsteigerung und kurzfristige Ergebnisse langfristige Auswirkungen auf die Unternehmenskultur und das Engagement der Mitarbeitenden haben. Untersuchungen zeigen, dass Maßnahmen wie Entlassungen, die als „Effizienzsteigerung" verkauft werden, oft zu einem Verlust des Vertrauens und der Loyalität der Mitarbeitenden führen, was sich negativ auf die langfristige Leistungsfähigkeit der Organisation auswirkt (Parker, 2002; McKinsey & Company, 2020). Diese „Kostenoptimierung" kann zu einem Verlust des sozialen Zusammenhalts und des Arbeitsklimas führen, wodurch die Unternehmenskultur nachhaltig beschädigt wird (Senge, 1990; Alvesson & Spicer, 2016).

Ein weiteres Problem ist die Überbetonung von Standardlösungen und die Vernachlässigung der spezifischen Bedürfnisse einer Organisation. Change-Management-Modelle, die als universelle Lösungen vermarktet werden, ignorieren oft die einzigartigen Kontextfaktoren der betreffenden Organisation. In der Praxis zeigt sich, dass ein einheitlicher Ansatz für alle Unternehmen nicht funktioniert und die angewandten Lösungen nicht die gewünschten bzw. nötigen Ergebnisse liefern (Mintzberg, 1994; Willmott, 1996). Diese standardisierten Lösungen tendieren dazu, die komplexen kulturellen und strukturellen Eigenheiten einer Organisation zu übersehen, was zu suboptimalen Ergebnissen und gescheiterten Veränderungsprozessen führt (Kühl, 2020; Fairclough, 1995).

Schließlich muss auch die Rolle der Berater:innen und deren Verantwortung bei der Umsetzung von Change-Management-Strategien hinterfragt werden. Berater:innen werden oft mit der Aufgabe betraut, Veränderungsprozesse zu initiieren, doch in vielen Fällen fehlt es an einer nachhaltigen Begleitung und der Schaffung interner Kompetenzen, um den Wandel und die Bereitschaft dazu langfristig in der Organisation zu verankern (Heifetz et al., 2009; McKinsey & Company, 2020). Ohne eine starke interne Unterstützung und eine kontinuierliche Anpassung der Strategie, an die sich verändernden Gegebenheiten, sind viele Change-Management-Maßnahmen von vornherein zum Scheitern verurteilt (Deloitte, 2021).

Hier kommt Change Management (Veränderungsmanagement) ins Spiel, das Unternehmen dabei unterstützen soll ihre Strukturen, Prozesse und Organisationskulturen so anzupassen, dass sie auch unter schwierigen Bedingungen erfolgreich operieren können. Change Management bietet einen strategischen Ansatz, um die Unternehmenskultur und die Arbeitsweisen an die herausfordernde neue Realität anzupassen und den Fachkräftemangel langfristig zu begegnen.

Die unterschiedlichen Erwartungen erfordern Change-Management-Strategien, die in der Lage sind, eine Unternehmenskultur zu fördern, die diese Bedürfnisse berücksichtigt und die verschiedenen Generationen harmonisch integriert. Nur so können Unternehmen eine kohärente und zukunftsfähige Arbeitsumgebung schaffen, die die Potenziale aller Generationen nutzt.

In der Purpose Economy, die zunehmend von Unternehmen verlangt, nicht nur wirtschaftlichen Erfolg zu erzielen, sondern auch einen positiven Beitrag zur Gesellschaft zu leisten, spielt Effizienzsteigerung eine zentrale Rolle. Unternehmen müssen ihre Ressourcen optimal nutzen und ihre Prozesse kontinuierlich verbessern, um soziale und ökologische Ziele zu erreichen. Die Digitalisierung, insbesondere der Einsatz von Künstlicher Intelligenz (KI), bietet hier enorme Chancen zur Optimierung von Arbeitsabläufen und Entscheidungsprozessen. Gleichzeitig stellt sie jedoch neue Herausforderungen an die Unternehmenskultur und -struktur. Unternehmen müssen eine Balance finden zwischen der Implementierung neuer Technologien und der Wahrung einer gesunden, menschlichen Unternehmenskultur, die Innovationen fördert und die Mitarbeitenden mitnimmt.

Der vorliegende Band beleuchtet diese und weitere Aspekte des Change Managements und der Effizienzsteigerung im Kontext des modernen Wirtschaftens. Dabei werden sowohl die Potenziale als auch die Grenzen dieser Ansätze kritisch hinterfragt. Ziel ist es, ein umfassendes Verständnis der Thematik zu vermitteln, das nicht nur auf den Erfolg von Veränderungsprozessen in der Vergangenheit verweist, sondern auch auf die praktischen Herausforderungen hinweist, die Unternehmen in der Zukunft erwarten. Es wird deutlich, dass Change Management mehr als ein einmaliges Projekt ist, sondern ein fortlaufender Prozess, der kontinuierlich an die sich verändernden Bedürfnisse und Herausforderungen der Unternehmen und ihrer Mitarbeitenden angepasst werden sollte.

Ein besonderes Augenmerk wird im vorliegenden Band auf die Fehler bei Anwendung und Implementierung gelegt, die in der Praxis des Change Managements immer wieder auftreten. Die Kritik an den klassischen Ansätzen und die Analyse der Fehler von Berater:innen bieten wertvolle Einblicke und Empfehlungen für zukünftige Verbesserungen. Dabei wird betont, dass es von entscheidender

Bedeutung ist, diese Kritik ernst zu nehmen und aus den Fehlern der Vergangenheit zu lernen. Nur durch eine kontinuierliche Weiterentwicklung der Change-Management-Praktiken können Unternehmen nicht nur kurzfristige Erfolge erzielen, sondern sich langfristig erfolgreich im Wettbewerb behaupten und gleichzeitig eine nachhaltige, positive Veränderung innerhalb der Organisation und darüber hinaus bewirken.

2 Aktuelle Entwicklungen im Bereich Wirtschaft

Derzeit sind mehrere gesellschaftliche und wirtschaftliche Trends zu beobachten, die Unternehmen in den kommenden Jahren stark beeinflussen werden. Einige haben wir in der Einleitung kurz genannt. Die fortschreitende Digitalisierung und Automatisierung führen zu tiefgreifenden Veränderungen in vielen Branchen. Besonders hervorzuheben ist die zunehmende Nutzung von KI und die Automatisierung von Produktionsprozessen sowie Dienstleistungen, die immer mehr an Bedeutung gewinnen. Diese Entwicklungen sind nicht nur technischer Natur, sondern auch mit tiefgreifenden Auswirkungen auf die Arbeitswelt verbunden. In diesem Zusammenhang rückt auch Cloud-Computing zunehmend in den Fokus. Angesichts steigender Bedrohungen im Bereich der Cybersicherheit investieren Unternehmen verstärkt in IT-Sicherheitslösungen, um ihre Daten und Systeme zu schützen (European Commission, 2020).

Daneben ist eine deutliche Hinwendung zu E-Commerce zu beobachten, dessen Wachstum insbesondere durch die Pandemie stark beschleunigt wurde. Dies hat nicht nur die Logistik- und Einzelhandelsbranche verändert, sondern auch die Art und Weise, wie Unternehmen ihre Geschäftsmodelle und Kundenbeziehungen gestalten. Laut einer Studie von McKinsey (2020) haben sich die Kundenbedürfnisse während der Pandemie stark verändert, was Unternehmen dazu zwingt, digitale Kanäle stärker zu nutzen und die Kundenerfahrung kontinuierlich zu verbessern. Dabei ist die Nachhaltigkeit der Aktivitäten ein zunehmend wichtiges Thema. Unternehmen investieren vermehrt in grüne Technologien und nachhaltige Produktionsmethoden, um ihre CO_2-Emissionen zu reduzieren (UN Environment Programme, 2020).

Der demografische Wandel stellt ebenfalls eine zentrale Herausforderung dar. Eine alternde Bevölkerung und der damit verbundene Fachkräftemangel verschärfen den Wettbewerb um qualifizierte Arbeitskräfte. Unternehmen müssen ihre Strategien anpassen, um den Bedarf an Fachkräften zu decken, etwa durch gezielte Aus- und Weiterbildungsprogramme sowie die Förderung von Zuwanderung (OECD, 2020).

Ein weiterer wichtiger Trend betrifft die (De-)Globalisierung und die damit verbundenen Unsicherheiten in den Lieferketten. Die Pandemie, geopolitische Spannungen und Handelskonflikte haben die Notwendigkeit einer resilienten Lieferkettenstrategie verdeutlicht. Unternehmen überdenken ihre globalen Lieferketten und setzen zunehmend auf Regionalisierung, um ihre Abhängigkeiten zu verringern und flexibler auf Herausforderungen reagieren zu können (World Economic Forum, 2020). Dennoch bleibt der internationale Handel weiterhin von zentraler Bedeutung, besonders für exportorientierte Industrien wie Deutschland.

Konjunkturell betrachtet befinden sich viele Unternehmen generell in einer unsicheren Lage, da die prognostizierten Wachstumsraten für die kommenden Jahre kaum zu realisieren sind. In einigen Regionen wird in den kommenden Jahren sogar mit einer Rezession gerechnet, was Unternehmen vor neue Herausforderungen stellt, insbesondere in energieintensiven Branchen, die mit steigenden Kosten und wachsender Konkurrenz zu kämpfen haben (International Monetary Fund, 2020). Unternehmen müssen sich diesen Herausforderungen stellen und ihre Strategien entsprechend anpassen, um langfristig wettbewerbsfähig und resilient zu bleiben.

Herausforderungen für Unternehmen

Unternehmen stehen heute vor einer Vielzahl von Herausforderungen, die durch die aufgezeigten gesellschaftlichen und wirtschaftlichen Trends noch verstärkt werden. Diese Herausforderungen betreffen nicht nur die technologische Anpassung, sondern auch tiefgreifende Veränderungen in der Unternehmenskultur, den Werten und den Arbeitsabläufen (Prozessen) der Organisation. Insbesondere die Geschwindigkeit der Veränderungen und die Komplexität der vielen miteinander verbundenen Trends stellen Unternehmen vor die schwierige Aufgabe, ihre Geschäftsstrategien kontinuierlich anzupassen und gleichzeitig Schritt mit den Neuerungen zu halten. Dies betrifft insbesondere Bereiche wie die Digitalisierung und die Dekarbonisierung, bei denen Unternehmen oft Mühe haben, die Geschwindigkeit des Wandels mit ihren eigenen Kapazitäten in Einklang zu bringen.

Ein zentraler Aspekt der heutigen Herausforderungen ist die kumulativ-vernetzte Wirkung der verschiedenen Trends, die oft weitreichende Auswirkungen auf andere Bereiche haben. Veränderungen in einem Bereich – sei es die Einführung neuer Technologien, die Anpassung an ökologische Anforderungen oder die Umstellung auf digitale Geschäftsmodelle – wirken sich auf andere Bereiche aus. Die Fähigkeit, diese Zusammenhänge zu verstehen und kohärente Maßnahmen zu ergreifen, wird für Unternehmen zunehmend zur Schlüsselkompetenz. Zudem erfordert die Anpassung an diese Trends häufig erhebliche Investitionen in Technologie, Personal und Prozesse, was zu finanziellen und organisatorischen Belastungen führt. Diese Investitionen müssen jedoch langfristig angelegt werden, da die Anpassung an die neuen Rahmenbedingungen ein kontinuierlicher Prozess ist.

Ein weiterer entscheidender Faktor, der Unternehmen heute herausfordert, ist der Fachkräftemangel. Der Bedarf an digitalen Kompetenzen und Wissen im Bereich Nachhaltigkeit steigt stetig, jedoch fällt es vielen Unternehmen schwer, qualifizierte Mitarbeitende zu finden und zu binden. Insbesondere im IT-Bereich und in den Bereichen, die mit der Umsetzung nachhaltiger Praktiken zusammenhängen, sind die Anforderungen an die Qualifikationen der Mitarbeitenden hoch. Eine Studie von McKinsey zeigt, dass 87 % der Unternehmen weltweit Schwierigkeiten haben, die erforderlichen digitalen Kompetenzen zu entwickeln, was die Umsetzung digitaler Strategien erheblich behindert (McKinsey & Company, 2020).

Zusätzlich zu den technologischen Herausforderungen müssen Unternehmen die kulturellen und sozialen Dimensionen dieses Wandels berücksichtigen. Die sich ständig verändernde Marktumgebung, die durch die Auswirkungen der Globalisierung und gleichzeitige (De-) Globalisierung geprägt ist, fordert Unternehmen dazu auf, flexibel und agil zu agieren. Dies erfordert nicht nur eine schnelle Anpassung an technologische Veränderungen, sondern auch eine umfassende Veränderung in den Werten und Überzeugungen der Organisation. Die Herausforderungen gehen über den technischen Wandel hinaus und betreffen auch die Art und Weise, wie Unternehmen ihre Kultur und ihre Arbeitsweisen gestalten, um wettbewerbsfähig zu bleiben.

In diesem komplexen Umfeld gewinnt Change Management zunehmend an Bedeutung. Erfolgreiches Change Management bezieht sich nicht nur auf die Implementierung neuer Technologien und Prozesse, sondern auf die ganzheitliche Gestaltung des Wandels innerhalb der Organisation. Eine nachhaltige Veränderung erfordert, dass alle Dimensionen des Wandels – von der strategischen Ausrichtung über die organisatorischen Strukturen bis hin zur Unternehmenskultur – miteinander in Einklang gebracht werden. Eine Studie von BCG (2019) zeigt, dass Unternehmen, die Change Management als kontinuierlichen Prozess begreifen und in eine langfristige Transformationsstrategie integrieren, doppelt so erfolgreich sind wie Unternehmen, die Veränderungen als einmalige Initiativen betrachten.

Die Unternehmenskultur spielt hierbei eine Schlüsselrolle. Eine Kultur des kontinuierlichen Lernens und der Anpassungsfähigkeit fördert die Innovationskraft und ermöglicht es den Mitarbeitenden, sich proaktiv an Veränderungen anzupassen. Ein weiterer zentraler Punkt ist die Einbindung der Mitarbeitenden in den Veränderungsprozess. „Change-Müdigkeit" ist ein weit verbreitetes Phänomen, das die Bereitschaft der Mitarbeitenden zur aktiven Mitgestaltung von Veränderungen beeinträchtigt. Führungskräfte müssen nicht nur klare Kommunikation und Beteiligung bieten, sondern auch Unterstützung durch Weiterbildungsprogramme und Coaching, um die Akzeptanz und das Engagement der Mitarbeitenden zu sichern. Laut Gallup (2020) haben Unternehmen mit einer hohen Mitarbeitendenbeteiligung eine höhere Produktivität und eine stärkere Resilienz gegenüber Veränderungen.

Darüber hinaus ist die Balance zwischen kurzfristigen finanziellen Zielen und langfristiger Nachhaltigkeit ein weiteres zentrales Thema. Die Integration von Nachhaltigkeitsstrategien ist nicht mehr nur eine gesellschaftliche Anforderung, sondern auch ein wichtiger Wettbewerbsvorteil. PwC (2020) berichtet, dass 79 % der Unternehmen weltweit Nachhaltigkeitsstrategien implementieren, um ihre Marktposition zu sichern. Um dies zu erreichen, müssen Unternehmen tiefgreifende Veränderungen in ihren Werten und Normen vornehmen und diese in ihre gesamte Unternehmensstrategie integrieren.

Führungskräfte sind in diesem Kontext strategische Akteure, die nicht nur Ziele vorgeben, sondern auch eine resiliente und lernfähige Kultur innerhalb der Organisation etablieren. Heifetz et al. (2009) zeigen, dass Führungskräfte, die solche adaptiven Führungskompetenzen entwickeln, die Fähigkeit ihrer Organisation steigern, sich an Veränderungen anzupassen und die Mitarbeitenden gleichzeitig zu motivieren und zu engagieren. Dies erfordert von Führungskräften nicht nur Flexibilität, sondern auch die Bereitschaft, Unsicherheiten zu akzeptieren und Risiken einzugehen, um innovative Lösungen zu finden, die sowohl kurzfristige als auch langfristige Ziele berücksichtigen.

Wie gut sind Unternehmen vorbereitet?

Die Vorbereitung der Unternehmen auf die aktuellen gesellschaftlichen und wirtschaftlichen Trends variiert je nach Branche, Unternehmensgröße und individueller Strategie. Viele Unternehmen erkennen die Bedeutung der genannten Trends und haben entsprechende Maßnahmen in ihre Unternehmensstrategien aufgenommen. Diese Unternehmen zeigen ein hohes Maß an Bewusstsein für die Herausforderungen und Chancen, die mit der Digitalisierung, der Dekarbonisierung, der Globalisierung sowie dem Fachkräftemangel einhergehen.

Technologieunternehmen beispielsweise haben durch ihre Agilität und den Fokus auf Innovation eine hohe Fähigkeit zur Anpassung an neue Trends. Sie können Veränderungen schneller umsetzen und sind oft Vorreiter in der Digitalisierung. Unternehmen wie Google und Amazon sind Beispiele für Firmen, die kontinuierlich neue Technologien in ihre Geschäftsprozesse integrieren und so die Transformation vorantreiben. Im Gegensatz dazu tun sich traditionellere Industrien wie der Maschinenbau oder die Automobilindustrie schwerer, notwendige Anpassungen in gleichem Tempo vorzunehmen. Diese Unternehmen arbeiten nicht selten mit komplexen, veralteten Systemen und Prozessen, die zwar tief in ihrer Unternehmenskultur verwurzelt sind, die Anpassung an neue Technologien und Arbeitsweisen jedoch erschweren. Geschwindigkeit und Umfang der Anpassungen variieren stark zwischen den Branchen. Unternehmen im Finanzsektor wie Banken oder Versicherungen sind stark reguliert und müssen zunehmend digitale Technologien integrieren um wettbewerbsfähig zu bleiben. Viele Banken haben inzwischen digitale Dienstleistungen und Mobile-Banking-Systeme eingeführt, um die Bedürfnisse ihrer Kunden besser zu erfüllen. Ein Unternehmen wie JPMorgan Chase hat eine umfassende digitale Strategie entwickelt, um Innovationen zu fördern und die Digitalisierung des Bankwesens zu beschleunigen. Gleichzeitig stellt der Bereich FinTech durch Unternehmen wie Revolut oder N26 eine zunehmend starke Konkurrenz dar, die die etablierten Banken zu mehr Geschwindigkeit und Innovation zwingt. Im Bereich der Industrie 4.0 haben Unternehmen wie Siemens und Bosch bereits Vorreiterrollen übernommen. Sie haben nicht nur in neue Technologien investiert, sondern auch agile Methoden implementiert, um ihre Prozesse kontinuierlich anzupassen. Diese Unternehmen haben erfolgreiche Programme zur Implementierung von KI und Automatisierungstechnologien eingeführt, um ihre Produktion zu optimieren und ihre Wettbewerbsfähigkeit zu sichern. Für traditionelle Industriezweige wie den Maschinenbau oder die chemische Industrie hingegen bleibt die Umstellung auf digitale Prozesse eine große Herausforderung, da hier oft eine tiefere Veränderung der Unternehmenskultur erforderlich ist.

Unternehmen müssen zudem verstärkt in Aus- und Weiterbildung investieren, um ihre Mitarbeitenden für die neuen Herausforderungen fit zu machen. Insbesondere die Nachfrage nach digitalen und nachhaltigen Kompetenzen ist gestiegen. Laut einer Studie von McKinsey (2020) geben 87 % der Unternehmen weltweit an, dass sie Schwierigkeiten haben, die erforderlichen digitalen Fähigkeiten zu entwickeln, was die digitale Transformation erheblich behindert. Ein gutes Beispiel hierfür ist das Unternehmen Siemens, das große Investitionen in die Ausbildung und Weiterbildung seiner Mitarbeitenden in den Bereichen KI und Digitalisierung tätigt, um den Herausforderungen der Industrie 4.0 gerecht zu werden.

Die Anpassungsfähigkeit und die Bereitschaft zur Veränderung in Unternehmen hängen nicht nur von der Branche oder dem Standort ab, sondern auch von der Unternehmenskultur. Unternehmen, die eine Kultur des kontinuierlichen Lernens und der Innovation pflegen, haben eine höhere Bereitschaft, Veränderungen zu akzeptieren und umzusetzen. Dies hat großen Einfluss auf die Fähigkeit, sich erfolgreich an die Herausforderungen der heutigen Zeit anzupassen. So zeigt eine Studie von PwC (2020), dass Unternehmen, die auf eine lernende Organisation setzen und kontinuierliche Entwicklung ermöglichen, sowohl ihre Innovationskraft als auch ihre Anpassungsfähigkeit an Veränderungen erheblich steigern können.

Neue Arbeitsformen und ihre Auswirkungen

Neben den bereits erwähnten Herausforderungen hat die Veränderung der Arbeitswelt durch neue Arbeitsformen tiefgreifende Auswirkungen auf die Beschäftigten und ihre Arbeitsweise. Diese Veränderungen werden von technologischen Innovationen, globalen wirtschaftlichen Trends und einem Wandel gesellschaftlicher Werte angetrieben. Zu den bedeutendsten neuen Arbeitsformen und ihren Auswirkungen auf die Menschen gehören Remote- und hybride Arbeit, agile Arbeitsmethoden, Freelancing oder Gig Economy, digitale Kollaboration sowie der Fokus auf Work-Life-Balance und Wohlbefinden.

Im Bereich der Remote- und hybriden Arbeit gewinnen Flexibilität und die Möglichkeit, von verschiedenen Orten aus zu arbeiten, zunehmend an Bedeutung. Mitarbeitende haben die Wahl zu entscheiden, wann und wo sie arbeiten – sei es von zu Hause oder einem anderen Ort aus. Diese Flexibilität kann die Work-Life-Balance erheblich verbessern, da die Möglichkeit, Arbeit und Privatleben besser zu gestalten, den Mitarbeitenden zugutekommt. Laut einer Studie von Buffer (2021) gaben 32 % der Befragten an, dass flexible Arbeitszeiten einer der größten Vorteile von Remote-Arbeit sind. Auf der anderen Seite besteht jedoch die Gefahr, dass die Grenzen zwischen Arbeit und Privatleben zunehmend verschwimmen, was zu erhöhter Erreichbarkeit und Stress führen kann oder dass das Gegenteil passiert, die Beschäftigen abtauchen und nicht arbeiten. Laut einer Untersuchung von Gallup (2020) fühlen sich 54 % der Mitarbeitenden durch die ständige Erreichbarkeit im Homeoffice stärker gestresst. Zudem kann es zu einer stärkeren sozialen Isolation kommen, da die persönliche Interaktion im Büro und informelle Kommunikation eingeschränkt werden. Das Selbstmanagement der Mitarbeitenden nimmt eine zentrale Rolle ein, da sie nun mehr Verantwortung für ihre eigene Arbeitsweise und Organisation übernehmen müssen – diese Verantwortung gilt in besonderer Weise auch für die persönliche Performance. Dies kann einerseits zu einer Chance für persönliche Weiterentwicklung führen, andererseits aber auch herausfordernd sein, insbesondere für diejenigen, die Schwierigkeiten mit der Selbstdisziplin haben (Harvard Business Review, 2020).

Agile Arbeitsmethoden und Projektarbeit betonen Flexibilität und schnelle Anpassungsfähigkeit. Die Anwendung agiler Methoden, die insbesondere in Tech-Unternehmen verbreitet sind, fördert mehr Verantwortung und Autonomie bei den Mitarbeitenden, was zu höherer Motivation und Zufriedenheit führen kann. Eine Studie von PwC (2019) zeigte, dass 71 % der Unternehmen, die agile Arbeitsmethoden eingeführt haben, einen Anstieg der Mitarbeitendenzufriedenheit verzeichnen konnten. Gleichzeitig kann der ständige Wechsel von Projekten und Aufgaben zu Unsicherheit und Stress führen. Die häufig wechselnden Teamkonstellationen verlangen gute Kommunikations- und Teamfähigkeiten, was sowohl die Zusammenarbeit fördern als auch zu Konflikten und Herausforderungen führen kann. Zudem bieten agile Arbeitsmethoden eine kontinuierliche Lernkultur, was bedeutet, dass Mitarbeitende sich stetig weiterentwickeln und sich an neue Anforderungen anpassen müssen.

Freelancing und die Gig Economy bieten den Mitarbeitenden eine hohe Flexibilität und Unabhängigkeit, da sie die Wahl haben, ihre Arbeitszeiten und Projekte selbst zu bestimmen. Diese Form der Arbeit trägt zur Zufriedenheit und Selbstverwirklichung bei. Laut einer Studie von Upwork (2020) sind 36 % der US-Arbeitskräfte als Freelancer tätig und dieser Trend wächst weiter. Jedoch bringt sie auch Unsicherheiten mit sich, da die Arbeitsplatzsicherheit und ein regelmäßiges Einkommen fehlen, was zu Belastungen führen kann. Zudem fehlt vielen Freelancern und Gig-Workern die soziale Absicherung, die festangestellte Mitarbeitende durch betriebliche Vorteile und soziale Sicherungssysteme genießen (Bureau of Labor Statistics, 2020).

Digitale Kollaboration und Kommunikation sind ebenfalls zentrale Elemente der neuen Arbeitswelt. Die verstärkte Nutzung digitaler Kommunikations- und Kollaborationstools wie Zoom, Slack und Teams hat die Zusammenarbeit über geografische Grenzen hinweg vereinfacht. Laut einer Studie von McKinsey (2020) stieg die Nutzung digitaler Tools um 30 % während der COVID-19-Pandemie. Diese digitalen Tools können die Effizienz der Kommunikation und Zusammenarbeit erheblich steigern. Jedoch können sie auch zu einer erhöhten Erwartung der ständigen Erreichbarkeit führen, was die Belastung der Mitarbeitenden erhöhen kann. Die digitale Kommunikation selbst birgt das Risiko von Missverständnissen, da nonverbale Hinweise fehlen und die zwischenmenschliche Interaktion eingeschränkt ist. Zudem kann eine zu starke Technologieabhängigkeit zu digitaler Überlastung und einer möglichen Überforderung führen kann (Harvard Business Review, 2020).

Ein wachsender Fokus auf Work-Life-Balance und das Wohlbefinden der Mitarbeitenden stellt eine wichtige Entwicklung in der modernen Arbeitswelt dar. Unternehmen legen zunehmend Wert auf die psychische und physische Gesundheit ihrer Mitarbeitenden und fördern Initiativen zur Verbesserung der Work-Life-Balance. Diese

Maßnahmen können die Arbeitszufriedenheit und das allgemeine Wohlbefinden steigern. Laut einer Gallup-Studie (2021) betrachten 85 % der Mitarbeitenden Work-Life-Balance als einen der wichtigsten Faktoren für ihre Zufriedenheit. Allerdings besteht die Gefahr, dass solche Initiativen als „Kosmetik" wahrgenommen werden, wenn sie nicht konsequent umgesetzt werden oder im Widerspruch zu anderen Unternehmenspraktiken stehen.

Die neuen Arbeitsformen bieten sowohl Chancen als auch Herausforderungen. Sie ermöglichen den Mitarbeitenden mehr Flexibilität, Autonomie und berufliche sowie persönliche Entwicklungsmöglichkeiten. Die Auswirkungen auf die Mitarbeitenden hängen jedoch stark davon ab, wie gut sie sich an diese Veränderungen anpassen können und wie Unternehmen diese Veränderungen aktiv unterstützen. Die Unternehmen müssen neue Arbeitsmodelle und Unterstützungssysteme entwickeln, um den Mitarbeitenden die nötigen Ressourcen zur Bewältigung dieser Veränderungen bereitzustellen und die Vorteile der neuen Arbeitsformen voll auszuschöpfen. Es bleibt zu untersuchen, wie sich diese neuen Arbeitsformen und ihre Herausforderungen in der Praxis langfristig entwickeln und wie Change-Management-Strategien auf diese dynamischen Veränderungen reagieren können. Lassen Sie uns zunächst die Rolle der Managementberater:innen anhand einiger ausgewählter Medien kritisch beleuchten.

3 Unternehmensberatung kontrovers

Insgesamt ist der Ruf von Unternehmensberater:innen – höflich formuliert – vielschichtig. Während ihre Expertise und ihr Wert in Zeiten des Wandels unbestritten sind, bleibt ihre Akzeptanz stark davon abhängig, wie gut sie es schaffen, die Balance zwischen Kosten, individuellen Lösungen und nachhaltigem Erfolg zu halten. Diejenigen Berater:innen, die dies meistern und zusätzlich Wert auf Zusammenarbeit und Transparenz legen, sind es, die das Vertrauen der Unternehmen langfristig sichern können.

Der Beratermarkt zeichnet sich durch Dynamik und Wachstum aus, doch bei genauer Betrachtung treten auch eine Reihe von Herausforderungen und kritischen Punkten zutage, die die Branche prägen und teilweise in Frage stellen. Ein zentraler Aspekt ist die wachsende Marktkonzentration. Große Beratungsunternehmen dominieren zunehmend den Markt, während kleinere und spezialisierte Beratungen oft um ihre Existenz kämpfen. Diese Entwicklung führt zu einer Homogenisierung der angebotenen Dienstleistungen und schränkt die Vielfalt der Perspektiven ein, die für innovative und kundenspezifische Lösungen erforderlich sind (Alvesson & Spicer, 2016). Zudem gibt es Kritik an der Transparenz und Nachvollziehbarkeit der Beratungsarbeit. Kunden bemängeln gelegentlich, dass die erbrachten Leistungen nicht immer klar messbar sind und der tatsächliche Nutzen der Beratungsprojekte unklar bleibt. Dieser Punkt wird durch eine Tendenz zur Überkomplexität in der Darstellung von Analysen und Empfehlungen verstärkt, die nicht immer den Praxisanforderungen der Unternehmen entsprechen (Kotter, 2012).

Ein weiterer kritischer Punkt ist die Abhängigkeit von Technologie. Der zunehmende Einsatz von KI und datenbasierten Tools birgt zwar Potenziale, stellt aber auch die Frage, inwieweit persönliche Expertise und individuelle Beratung in den Hintergrund treten könnten. Dies führt mitunter zu einem Vertrauensverlust, da Kunden den Eindruck gewinnen, dass automatisierte Prozesse die zwischenmenschliche Komponente ersetzen (Heifetz/ Grashow/ Linsky, 2009). Auch die Kostenstruktur der Beratungsbranche wird häufig hinterfragt. Die hohen Honorare großer Beratungshäuser stehen nicht immer im Verhältnis zum erbrachten Mehrwert, was zu einer wachsenden Skepsis bei Kunden führt. Diese Diskrepanz wird besonders bei mittelständischen Unternehmen deutlich, die oft den Zugang zu qualitativ hochwertiger Beratung aufgrund der finanziellen Barrieren als schwierig empfinden (McKinsey & Company, 2020).

Hinzu kommt die kritische öffentliche Wahrnehmung der Beratungsbranche. Skandale und Fehlentscheidungen, die auf Beratungsprojekte zurückgeführt werden, haben das Image der Branche belastet. Dies erschwert nicht nur die Akquise neuer Kunden, sondern stellt auch die ethische Verantwortung der Branche zunehmend in den Fokus (Parker, 2002). Schließlich wird die Anpassungsfähigkeit der Berater:innen selbst kritisch betrachtet. Während Kunden immer spezialisiertere und umsetzungsorientierte Dienstleistungen erwarten, sind nicht alle Berater:innen bereit oder in der Lage, sich den wachsenden Anforderungen anzupassen. Dies betrifft sowohl die Fähigkeit, technologische Innovationen zu nutzen, als auch die Notwendigkeit, neue Denkweisen und Methoden zu integrieren (Senge, 1990).

Das ambivalente Bild

Strategie- und Unternehmensberater:innen genießen einen Ruf, der sowohl von Anerkennung als auch von Kritik geprägt ist. Diese Ambivalenz spiegelt die komplexe Beziehung wider, die Unternehmen und die Öffentlichkeit zu dieser Berufsgruppe haben. Einerseits wird die Expertise von Berater:innen geschätzt, insbesondere in Zeiten des Wandels. In einer globalisierten Wirtschaft, die von rasanten technologischen Veränderungen und zunehmendem Wettbewerbsdruck geprägt ist, bieten Berater:innen wertvolles Know-how. Ihre analytischen Fähigkeiten und strategischen Einsichten sind von großem Wert, wenn es darum geht, Unternehmen durch schwierige Herausforderungen zu navigieren. Unternehmen verlassen sich auf ihre Unterstützung, um Unsicherheiten zu bewältigen, Prozesse zu optimieren und langfristige Strategien zu entwickeln (Gartner, 2021).

Andererseits sehen sich Unternehmensberater:innen häufig auch erheblicher Kritik ausgesetzt. Ein zentraler Kritikpunkt ist der hohe Preis ihrer Dienstleistungen. Unternehmen investieren oft erhebliche Summen in Beratungsprojekte, was insbesondere dann hinterfragt wird, wenn die erzielten Ergebnisse nicht den erwarteten langfristigen Mehrwert bringen. Studien zeigen, dass der wahrgenommene Wert von Beratung im Vergleich zu den Kosten oft als unzureichend empfunden wird, insbesondere wenn die Implementierung und Nachhaltigkeit der empfohlenen Strategien ausbleiben (McKinsey & Company, 2021). Ein weiterer häufiger Vorwurf betrifft den Einsatz standardisierter Ansätze, die oft den spezifischen Bedürfnissen und Rahmenbedingungen eines Unternehmens nicht gerecht werden. Standardlösungen können zu kurzfristigem Denken führen, das den langfristigen Erfolg eines Unternehmens gefährdet, da sie keine maßgeschneiderte und tiefgreifende Lösung bieten.

Dennoch gibt es Unternehmensberater:innen, die in der Lage sind, das Vertrauen ihrer Kunden langfristig zu gewinnen und zu erhalten. Erfolgreiche Berater:innen zeichnen sich durch ihre Fähigkeit aus, maßgeschneiderte Lösungen zu entwickeln, die sowohl ökonomische als auch kulturelle und strukturelle Besonderheiten der Unternehmen berücksichtigen. Sie arbeiten eng mit ihren Kunden zusammen, integrieren sich in die Unternehmensprozesse und legen Wert auf die Entwicklung nachhaltiger Strategien, die langfristig

Bestand haben. Diese Berater:innen gehen über rein wirtschaftliche Zielsetzungen hinaus und schaffen es dadurch, das Vertrauen ihrer Kunden zu stärken und langfristige, vertrauensvolle Beziehungen aufzubauen (Deloitte, 2020). Sie sind nicht nur Problemlöser, sondern echte Partner, die die langfristige Ausrichtung und Nachhaltigkeit ihrer Kunden im Blick behalten.

Die Rolle von Unternehmensberater:innen hat sich in den letzten Jahren stark gewandelt. Waren sie früher oft als externe Expert:innen wahrgenommen, die fertige Lösungen präsentierten, so sind sie heute zunehmend als strategische Partner gefragt. Um dieses Vertrauen zu rechtfertigen, müssen Berater nicht nur über fundierte Fachkenntnisse verfügen, sondern auch ethisch einwandfrei handeln. Transparenz, Integrität und eine langfristige Ausrichtung sind dabei entscheidend. Durch den Einsatz digitaler Technologien und die Berücksichtigung von ESG-Kriterien können Berater ihren Kunden dabei helfen, nachhaltige Wettbewerbsvorteile zu erzielen und einen positiven Beitrag zur Gesellschaft zu leisten.

Der negative Ruf

Ein zentraler Kritikpunkt ist die Kostenintensität der Beratungsdienstleistungen. Insbesondere mittelständische Unternehmen empfinden die Honorare von Beratungsfirmen als sehr hoch und stellen oft die Frage, ob der erzielte Nutzen den finanziellen Aufwand rechtfertigt. Diese Wahrnehmung verstärkt sich, wenn die Ergebnisse der Beratungsprojekte nicht den Erwartungen entsprechen oder wenn der Mehrwert nicht klar erkennbar ist (PwC, 2020).

Ein weiterer Vorwurf betrifft die Standardisierung von Lösungen. Unternehmensberater:innen werden oft dafür kritisiert, standardisierte Ansätze oder „Schablonenlösungen" zu verwenden, die wenig Rücksicht auf die individuellen Anforderungen eines Unternehmens nehmen. Solche generischen Konzepte können dazu führen, dass spezifische Herausforderungen nicht ausreichend berücksichtigt werden, was die Wirksamkeit der vorgeschlagenen Maßnahmen beeinträchtigt und die Frustration der davon Betroffenen erhöht (McKinsey & Company, 2020). Auch die Kurzfristigkeit der Ergebnisse ist ein wiederkehrender Kritikpunkt. Unternehmen bemängeln, dass Unternehmensberater:innen häufig auf schnelle Erfolge abzielen, die langfristige Veränderungen und nachhaltige Ergebnisse vernachlässigen. Sobald das Beratungsprojekt abgeschlossen ist, fehlt es oft an Strukturen oder Kompetenzen, um die angestoßenen Maßnahmen weiterzuführen und dauerhaft zu verankern. Dies hinterlässt bei den Kunden den Eindruck, dass die Projekte unvollständig oder zielführend gestaltet wurden (Gartner, 2021).

Ein weiteres Problem ist die potenzielle Abhängigkeit von Berater:innen. Einige Unternehmen sehen die Gefahr, dass durch die Zusammenarbeit mit externen Unternehmensberater:innen interne Kompetenzen und Verantwortlichkeiten vernachlässigt werden. Dies kann dazu führen, dass Unternehmen bei zukünftigen Herausforderungen wiederholt auf externe Unterstützung angewiesen sind, anstatt eigene Fähigkeiten zur Problemlösung aufzubauen. Es zeigt sich, dass der schlechte Ruf von Strategie- und Unternehmensberater:innen auf wahrgenommene Schwächen in Kostenstruktur, Individualisierung, Nachhaltigkeit und Kompetenzaufbau zurückzuführen ist. Beratungsfirmen, die diesen Kritikpunkten aktiv entgegenwirken – etwa durch transparente Kostenmodelle, maßgeschneiderte Ansätze, langfristig orientierte Strategien und die Stärkung interner Fähigkeiten – haben die Möglichkeit, das Vertrauen ihrer Kunden zu gewinnen und ihren Ruf nachhaltig zu verbessern.

Um den Herausforderungen der Zukunft zu begegnen, müssen Unternehmensberater:innen ihre Arbeitsweise verbessern bzw. kontinuierlich weiterentwickeln. Durch den Einsatz von digitalen Technologien wie beispielsweise künstlicher Intelligenz und Datenanalysen können sie ihre Kunden noch präziser beraten und individuelle Lösungen entwickeln. Darüber hinaus ist es wichtig, dass Berater:innen nicht nur kurzfristige Erfolge im Blick haben, sondern auch die langfristigen Auswirkungen ihrer Arbeit berücksichtigen. Eine nachhaltige Unternehmensentwicklung erfordert eine ganzheitliche Betrachtung, die ökologische, soziale und wirtschaftliche Aspekte umfasst. Durch eine transparente Kommunikation, eine enge Zusammenarbeit mit den Kunden und die Förderung von Nachhaltigkeit können Berater:innen ihr Ansehen steigern und langfristige Partnerschaften aufbauen.

Der positive Ruf

Strategie- und Unternehmensberater:innen genießen einen positiven Ruf, wenn sie durch ihre Expertise, ihre Objektivität und ihre Erfolgsorientierung Unternehmen dabei unterstützen, komplexe Herausforderungen zu bewältigen und langfristige Ziele zu erreichen. Ein wesentlicher Aspekt ihres Ansehens ist ihre umfassende Expertise und der Wissenstransfer, den sie in Unternehmen einbringen. Unternehmensberater:innen werden oft als Wissensvermittler:innen wahrgenommen, die Best Practices aus unterschiedlichen Branchen zusammenführen und innovative Lösungen entwickeln. Ihre Fähigkeit, komplexe Themen zu analysieren und verständliche sowie umsetzbare Strategien zu formulieren, wird von Unternehmen besonders geschätzt. Dieser Wissenstransfer ermöglicht es Organisationen, auf wertvolle externe Perspektiven zuzugreifen, die intern möglicherweise fehlen (Deloitte, 2020).

Ein weiterer Faktor ist der neutrale Blick von außen, den Unternehmensberater:innen mitbringen. Als unabhängige Dritte betrachten sie die Herausforderungen eines Unternehmens ohne die Vorurteile und Interessen, die intern oft mitschwingen. Diese Objektivität erlaubt es ihnen, unvoreingenommene Analysen zu erstellen und Empfehlungen zu geben, die intern möglicherweise schwierig durchzusetzen wären. Diese Unabhängigkeit stärkt das Vertrauen in ihre Arbeit und macht sie zu wertvollen Partnern für Unternehmen, die vor tiefgreifenden Entscheidungen stehen (Gartner, 2021).

Schließlich wird die Erfolgsorientierung der Unternehmensberater:innen positiv wahrgenommen. Besonders in der strategischen Beratung schätzen Unternehmen ihre Zielstrebigkeit und den Fokus auf messbare Ergebnisse. Unternehmensberater:innen werden als pragmatische Fachleute gesehen, die Unternehmen nicht nur beraten, sondern sie auch auf Wachstumskurs bringen können. Ihre Fähigkeit, konkrete und umsetzbare Lösungen zu entwickeln, macht ihre Arbeit besonders wertvoll (McKinsey & Company, 2020). Es zeigt sich, dass Strategie- und Unternehmensberater:innen dann einen positiven Ruf genießen, wenn sie durch ihre Expertise, ihre Unabhängigkeit und ihre Ergebnisorientierung einen klaren Mehrwert schaffen. Unternehmen vertrauen auf Unternehmensberater:innen, die nicht nur Probleme analysieren, sondern auch praktikable Lösungen liefern und langfristig zum Erfolg der Organisation beitragen.

Die Fähigkeit von Unternehmensberater:innen, komplexe Daten zu analysieren und daraus wertvolle Erkenntnisse zu ziehen, ist ein weiterer wichtiger Erfolgsfaktor. Durch den Einsatz von digitalen Tools und KI können Berater:innen ihre Kunden dabei unterstützen, datenbasierte Entscheidungen zu treffen. Zudem verfügen erfolgreiche Berater:innen über ein umfangreiches Netzwerk, das ihnen ermöglicht, auf aktuelle Trends und Entwicklungen in der Branche schnell zu reagieren und ihren Kunden innovative Lösungen anzubieten. Durch die Kombination von Branchenexpertise, technologischem Know-how und einem starken Netzwerk können Berater:innen einen entscheidenden Beitrag zur erfolgreichen Entwicklung ihrer Kunden leisten. Wie werden die Berater:innen in der Presse wahrgenommen? Wie ist das öffentliche Bild der Beratungen? Welche Kritik wird geäußert? Was zieht sich wie ein roter Faden durch diese Kritiken durch? Diese Fragen wollen wir im Folgenden anhand verschiedener Presseberichte nachgehen.

4 Öffentliche Wahrnehmung und mediale Darstellung von Berater:innen

In der breiten Öffentlichkeit werden Unternehmensberater:innen häufig als unverzichtbare Akteure angesehen, die Unternehmen in schwierigen Situationen unterstützen. Ihre Expertise in Bereichen wie Restrukturierung, Digitalisierung oder Krisenmanagement wird geschätzt, insbesondere in einer globalisierten und dynamischen Wirtschaft (Gartner, 2021). Gleichzeitig existiert jedoch das stereotype Bild der „überbezahlten Berater:innen", die als eher eigennützig wahrgenommen werden und angeblich mehr an seinen Gewinnen interessiert sind als am langfristigen Erfolg des beratenen Unternehmens. Diese Wahrnehmung verstärkt sich, wenn Beratungsprojekte hohe Kosten verursachen, aber für Außenstehende keine sichtbaren Ergebnisse liefern (McKinsey & Company, 2020).

Die mediale Darstellung trägt ebenfalls zu diesem ambivalenten Image bei. Unternehmensberater:innen werden in den Medien häufig kritisch beleuchtet, insbesondere im Zusammenhang mit Unternehmenskrisen, Personalabbau oder kontroversen Umstrukturierungen. In solchen Fällen wird ihre Rolle oft als treibende Kraft hinter schwierigen oder unpopulären Entscheidungen dargestellt, was zu einer negativen Konnotation des Begriffs „Berater:in" führen kann (Harvard Business Review, 2019). Schlagzeilen über hohe Honorare, fragwürdige Empfehlungen oder gescheiterte Projekte verstärken dieses Bild und prägen die Wahrnehmung in der Öffentlichkeit. Ein weiterer Faktor ist die mangelnde Transparenz der Branche, die es Medien und der Öffentlichkeit erschwert, die tatsächlichen Leistungen und Erfolge von Unternehmensberater:innen objektiv zu bewerten (Deloitte, 2020).

Um das öffentliche Image zu verbessern, müssen Beratungsfirmen aktiv daran arbeiten, Transparenz und Vertrauen zu fördern. Dies kann durch die klare Kommunikation der Ziele, Methoden und Ergebnisse ihrer Projekte geschehen. Zudem sollten sie bestrebt sein, ihre Rolle als strategische Partnerinnen darzustellen, die nicht nur kurzfristige Herausforderungen adressieren, sondern langfristigen Wert schaffen. Die öffentliche Wahrnehmung von Unternehmensberater:innen wird letztlich davon abhängen, wie gut es der Branche gelingt, ihre positiven Beiträge zur Wirtschaft sichtbar zu machen und den negativen Stereotypen entgegenzuwirken. Eine stärkere Betonung von Nachhaltigkeit, ethischer Verantwortung und langfristigen Erfolgen könnte dazu beitragen, das ambivalente Image zu verbessern (Gartner, 2021).

„Wie sich Berater unersetzlich machten"

In ihrem Buch „Die große Consulting Show" nehmen Mariana Mazzucato und Rosie Collington die Beratungsbranche scharf ins Visier und zeichnen ein düsteres Bild ihrer Auswirkungen auf Unternehmen und staatliche Institutionen. Sie argumentieren, dass der weit verbreitete Einsatz großer Consultingunternehmen die Innovationskraft und Entscheidungsfähigkeit untergräbt, die demokratische Rechenschaftspflicht schwächt und die langfristigen Folgen von politischen und unternehmerischen Handlungen verschleiert.

Parallel dazu bietet Thomas Deelmann in seinem Werk „Die Berater-Republik" eine kritische, aber praxisorientierte Analyse der Beraterbranche, insbesondere in Deutschland. Deelmann zeigt auf, wie sich Berater in den letzten Jahrzehnten als unverzichtbare Akteure etabliert haben, oft mit beachtlichen Gewinnspannen und teils fragwürdigen Praktiken wie der „Kettenbeauftragung", bei der ein Beratungsauftrag nahtlos an den nächsten anschließt. Er warnt davor, dass Deutschland zur „Berater-Republik" werden könnte, in der gerade auch staatliche Institutionen zunehmend von externen Beratern abhängig werden.

Beide Autoren kritisieren, dass die Beratungsbranche sich zunehmend als „fünfte Gewalt" etabliert, die durch den Missbrauch ihrer Position den öffentlichen Sektor und Unternehmen schwächt. Mazzucato und Collington bemängeln, dass Beratungsfirmen oft nicht an nachhaltigen Lösungen interessiert sind, sondern vielmehr daran, die Abhängigkeit ihrer Kunden von externen Beratungsleistungen zu zementieren. Deelmann ergänzt diese Kritik, indem er betont, dass es dringend notwendig sei, die Kompetenz innerhalb staatlichen Institutionen zu stärken, um den sinnvollen und maßvollen Einsatz von Beratungsdienstleistungen zu gewährleisten.

„Schlechter Rat ist teuer"

Walt Bogdanich und Michael Forsythe, Journalisten der New York Times, beginnen ihr Werk "Schwarzbuch McKinsey" mit einer beunruhigenden Reihe von Todesfällen, die direkt mit den Umstrukturierungen durch die Beratungsfirma in Verbindung stehen. Ein prägnantes Beispiel ist die tragische Geschichte von Disneyland, wo McKinsey eine Senkung der Wartungskosten empfahl – ein Vorschlag, der im Endeffekt zu einem tödlichen Unfall im kalifornischen Freizeitpark führte. Bogdanich und Forsythe analysieren auch größere wirtschaftliche Zusammenhänge und zeigen auf, wie McKinsey-Ideen zur Weltwirtschaftskrise 2008 beitrugen. Die von McKinsey geförderte Kreditverbriefung trieb Banken dazu, immer mehr faule Kredite in das Finanzsystem zu pumpen, was die globale Finanzkrise auslöste. Diese Praktiken werden nicht nur als Einzelfälle dargestellt, sondern als systemische Probleme, die durch die Beratungsbranche verstärkt werden. Die Autoren zeichnen ein Bild von McKinsey und anderen Beratungsfirmen als „Krisengewinnler", die von Unsicherheiten und Nöten ihrer Kunden profitieren, ohne deren langfristige Interessen zu fördern.

Die Diskussion über die Rolle und Verantwortung von Unternehmensberatungen ist daher nicht nur eine Frage der Effizienzsteigerung oder der strategischen Ausrichtung, sondern auch eine ethische und langfristige Betrachtung, wie Unternehmen und staatliche Institutionen in einer zunehmend komplexen Welt agieren sollten. Diese kritischen Perspektiven werfen wichtige Fragen auf, die Unternehmen berücksichtigen müssen, wenn sie darüber nachdenken, externe Berater:innen hinzuzuziehen. Alles in allem eine düstere Berichterstattung über die sogenannten großen, klassischen Beratungsfirmen am Beispiel von McKinsey.

„Teurer Rat, bestens verkauft"

In einem Artikel der Süddeutschen Zeitung (Holzki, 2018) wird die wachsende Präsenz von Unternehmensberatern:innen in großen Firmen kritisch beleuchtet und die Frage aufgeworfen, welchen tatsächlichen Mehrwert diese Berater:innen für die Unternehmen haben. Trotz der steigenden Investitionen in Beratungsleistungen und dem kontinuierlichen Wachstum der Branche bleiben Zweifel an der Effektivität externer Berater bestehen. Ein zentrales Beispiel ist die Deutsche Bahn, die jährlich Millionen Euro für Beratungsfirmen wie McKinsey und BCG ausgibt. Dennoch kämpft das Unternehmen weiterhin mit erheblichen Herausforderungen wie Verspätungen und wirtschaftlichen Problemen. Kritiker argumentieren, dass die Bahn besser auf ihren internen Sachverstand zurückgreifen sollte anstatt sich auf teure externe Berater:innen zu verlassen. Der Artikel thematisiert zudem das Image von Berater:innen als „Bösewichte", die rücksichtslos Unternehmen umstrukturieren, Stellen abbauen und Veränderungen erzwingen. Gleichzeitig wird aber auch betont, dass Unternehmen oft auf Berater:innen setzen, um spezielles Fachwissen einzukaufen, objektive Problemanalysen durchzuführen oder bei Personalengpässen Unterstützung zu erhalten. Problematisch ist dabei die gängige Praxis, dass junge Berater:innen oder Quereinsteigende ohne ausreichende Praxiserfahrung in verantwortungsvolle Positionen gebracht werden, was Unsicherheiten und Selbstzweifel bei diesen Berater:innen hervorruft. Der Artikel unterstreicht die Bedeutung der Erwartungen und Anforderungen der Kunden für den Erfolg der Beratungsarbeit. Es wird darauf hingewiesen, dass Unternehmen sorgfältig prüfen sollten, welche Berater:innen sie engagieren und wie sie deren Empfehlungen umsetzen. Die Fähigkeit der Berater:innen, zuzuhören und ihre Vorschläge an die spezifischen Bedürfnisse des Unternehmens anzupassen, wird als entscheidend für den Erfolg einer Beratung dargestellt.

„Warum Unternehmensberater überflüssig sind"

Väth (2019) kritisiert insbesondere die gängigen Methoden und Ansätze der Berater:innen, die oft auf rückwärtsgewandte Werkzeuge wie Benchmarking oder Best Practices setzen. Diese Methoden fördern konformistisches Denken und verhindern innovative Lösungen, die für die heutigen Herausforderungen in Unternehmen notwendig wären. Durch diese Vorgehensweise wird nicht nur das organisationale Lernen behindert, sondern Unternehmen werden auch in eine Abhängigkeit von Beratungsdiensten getrieben, ohne dass sie selbst nachhaltige Kompetenzen entwickeln können. Ein weiteres Problem, das Väth anspricht, ist die fehlende Anpassungsfähigkeit der Beratungsansätze an die komplexe Realität moderner Unternehmen. Berater:innen arbeiten oft mit vorgefertigten Ideologien und Weltbildern, die der einzigartigen Situation jedes Unternehmens nicht gerecht werden. Dies führt dazu, dass die Beratungsergebnisse häufig nicht den gewünschten Erfolg bringen und die tatsächlichen Bedürfnisse und Herausforderungen des Unternehmens unberücksichtigt bleiben.

Statt auf externe Beratung zu setzen, plädiert Väth dafür, dass Unternehmen ihre eigenen Kompetenzen stärken und ihre internen Lern- und Anpassungsfähigkeiten entwickeln sollten. Er betont, dass die Ressourcen und das Wissen, die für erfolgreiche Veränderungsprozesse nötig sind, oft bereits im Unternehmen vorhanden sind, aber besser genutzt werden müssen. Führungskräfte sollten daher den Fokus auf das interne Management, die Förderung von Kooperation und die Entwicklung einer starken, lernfähigen Unternehmenskultur legen. Abschließend fordert Väth einen Paradigmenwechsel weg von der klassischen Unternehmensberatung hin zu einer neuen Art des Managements, das auf Eigenverantwortung, Lernen und einer ausgewogenen Balance zwischen Verstand und Gefühl basiert. Nur so können Unternehmen langfristig erfolgreich sein und sich den Herausforderungen einer volatilen, unsicheren, komplexen und mehrdeutigen Welt (VUCA) stellen.

„Nach der Logik von Profit und Effizienz"

Die Soziologin Silke van Dyk äußert scharfe Kritik am zunehmenden Einfluss externer Unternehmensberater:innen auf die Politik (Schaefer, 2019). Sie warnt davor, dass betriebswirtschaftliche Logiken, die sich auf Profit und Effizienz fokussieren, zunehmend auch in politische Entscheidungsprozesse einfließen, was sie als problematisch erachtet. Van Dyk betont, dass der öffentliche Sektor nach humanitären und sozialen Standards arbeiten sollte, anstatt sich den Prinzipien der Privatwirtschaft zu unterwerfen. Van Dyk kritisiert auch, dass der öffentliche Dienst durch Sparmaßnahmen geschwächt wurde, wodurch wichtige Expertise verloren gegangen ist. Deswegen greift die Regierung vermehrt auf externe Berater:innen zurück anstatt auf das ohnehin bestehende, öffentlich finanzierte wissenschaftliche System wie den wissenschaftlichen Dienst des Bundestages oder die Expertise von Universitäten und Fachhochschulen. Besonders bedenklich findet van Dyk, dass die „Big-Four-Beratungsfirmen", die weltweit eine Million Menschen beschäftigen, maßgeblich dazu beitragen, dass Unternehmen Steuern sparen, wodurch den Staaten jährlich schätzungsweise eine Billion Dollar an Einnahmen entgehen. Vor diesem Hintergrund hinterfragt sie die Entscheidung der Bundesregierung, solche Berater:innen zu engagieren.

„Ungezügelt"

David Selbach und Anne Hünninghaus (brand eins, 2022) behandeln die Diskussion über die Notwendigkeit einer stärkeren Regulierung der Unternehmensberaterbranche, insbesondere nach dem Opioid-Skandal, in den McKinsey verwickelt war und der zu einem

600-Millionen-Dollar-Vergleich führte. Die zentrale Frage lautet, ob es an der Zeit ist, die Tätigkeit von Unternehmensberatern strenger zu regulieren. Es wird betont, dass eine gute Compliance innerhalb von Beratungsfirmen wichtig ist. Es gibt Vorschläge, interne Kontrollsysteme und Selbstverpflichtungen zu stärken, um Missstände zu vermeiden. Es wird darauf hingewiesen, dass der Begriff „Consultant" nicht geschützt ist und dass in bestimmten Bereichen strengere Regeln sinnvoll wären, beispielsweise durch eine stärkere juristische Absicherung von Beratungsprozessen. Die Diskussion über die Notwendigkeit staatlicher Regulierung wird kritisch betrachtet. Es wird argumentiert, dass die Branche bereits auf dem Weg zur Selbstregulierung ist und dass zusätzliche staatliche Eingriffe möglicherweise unnötig und sogar schädlich sein könnten. Vertrauen zwischen Berater:innen und Kunden wird als essenziell angesehen, und staatliche Eingriffe könnten dieses Verhältnis stören. Es wird betont, dass Ethikkodizes und Selbstverpflichtungen zwar wichtig sind, ihre Wirksamkeit jedoch stark von der Führungskultur in den Beratungsfirmen abhängt. Es wird gefordert, dass junge Berater:innen mehr Mut haben sollten, ethische Bedenken zu äußern. Zudem wird die Frage der persönlichen Haftung diskutiert, wobei betont wird, dass dies keine universelle Lösung für alle Probleme der Branche darstellt. Fehlende Standards und Systemrelevanz: Ein weiteres Thema ist das Fehlen von Standards in der Beratungsbranche. Es wird vorgeschlagen, eine stärkere Selbstregulierung einzuführen, etwa durch die Einführung eines „Berater-TÜV". Zudem wird betont, dass die Branche ihre Systemrelevanz unter Beweis stellen muss, um Vertrauen zurückzugewinnen.

„Are Management Consulting Firms Failing to Manage Themselves?"

David Fubini (Havard Business School, 2024) untersucht die Herausforderungen, mit denen strategische Beratungsfirmen nach fast einem Jahrzehnt ununterbrochener Expansion konfrontiert sind. Diese Firmen, die bekannt dafür sind, ihren Kunden bei der Lösung komplexer Probleme zu helfen, kämpfen nun mit ihren eigenen internen Managementproblemen, einschließlich Personalabbau und strukturellen Anpassungen.

Dabei wird die Ironie hervorgehoben, dass Beratungsfirmen, die hervorragend darin sind, Probleme bei ihren Kunden zu diagnostizieren und zu lösen, Schwierigkeiten haben, ihre eigenen Managementprinzipien auf ihre internen Herausforderungen anzuwenden. Als die Kundennachfrage schwankte, insbesondere nach der COVID-19-Pandemie, stellten diese Firmen fest, dass sie überbesetzt waren, was zu Entlassungen und einer langsameren Rekrutierung führte. Das rasante Wachstum und der Fokus auf Expansion, der in den letzten zehn Jahren im Zentrum der Strategie vieler Beratungsfirmen stand, führten zu systemischen Problemen. Der Artikel geht weiter darauf ein, wie die aggressive Verfolgung von Wachstum die Kultur und Prioritäten der Firmen umgestaltet hat, einschließlich ihrer Abhängigkeit von leistungsbasierten Honoraren und der steigenden finanziellen Erwartungen unter den Partnern. Diese Veränderungen haben die langfristige Nachhaltigkeit des Wachstums und des Kundenservice-Modells der Firmen beeinträchtigt.

Um diese Herausforderungen zu bewältigen, schlägt Fubini vor, dass Beratungsfirmen zu ihren grundlegenden Prinzipien zurückkehren, ihre Praktiken neu bewerten und innovative Technologien wie KI nutzen sollten, um sich wieder auf die Beratung von Top-Managern zu konzentrieren. Er empfiehlt, die Personalausstattung an die tatsächliche Nachfrage anzupassen, die Governance-Strukturen an die vergrößerte Unternehmensgröße anzupassen und das Vertrauen innerhalb der Teams wieder aufzubauen. Besonders wichtig sei es, den Fokus von finanziellem Wachstum auf exzellenten Kundenservice zu verlagern, um sicherzustellen, dass ihr Ruf als führende Managementberatung erhalten bleibt.

Kritik aus Wissenschaft und Praxis an Change Management

Wissenschaftliche Kritiker:innen des Change Managements betonen, dass dessen Umsetzung häufig technokratisch und mechanistisch erfolgt, ohne die komplexen menschlichen, kulturellen und sozialen Dimensionen ausreichend zu berücksichtigen. Dieser Ansatz führt dazu, dass der Fokus oft nur auf Prozessoptimierung und Effizienzsteigerung liegt, während die Bedürfnisse der Mitarbeitenden, die Unternehmenskultur und die sozialen Dynamiken vernachlässigt werden. Die Kritiker:innen plädieren daher für einen ganzheitlicheren Ansatz, der die emotionalen und sozialen Dimensionen des Wandels stärker in den Vordergrund rückt. Zu den prominenten Kritiker:innen zählen Wissenschaftler:innen und Organisationsberater:innen, die auf die Defizite traditioneller Change-Management-Ansätze hinweisen und alternative Wege vorschlagen. In diesem Werk teilen wir ihre Kritik und beleuchten, wie ein gesamthafter Ansatz diese Herausforderungen in der Praxis überwinden kann. Anhand einer Praxisfallstudie zeigen wir auf, wie Unternehmen durch die Integration menschlicher, kultureller und sozialer Aspekte in den Veränderungsprozess nicht nur nachhaltige, sondern auch menschenzentrierte Veränderungen erfolgreich umsetzen können.

Primat des Top-down-Ansatzes

Henry Mintzberg zählt zu den prominentesten Kritiker:innen traditioneller Change-Management-Ansätze. In seinen Arbeiten betont er, dass viele Veränderungsprozesse in Organisationen durch einen Top-down-Ansatz geprägt sind, bei dem Entscheidungen auf der Führungsebene getroffen werden, ohne die Mitarbeitenden, die von den Veränderungen direkt betroffen sind, angemessen einzubeziehen. Mintzberg argumentiert, dass dieser Mangel an Beteiligung und Engagement innerhalb der Belegschaft zu erheblichem Widerstand führen kann. Die Mitarbeitenden, die die Veränderungen täglich umsetzen sollen, fühlen sich nicht als Teil des Prozesses und erkennen oftmals nicht die Notwendigkeit der Änderungen, was ihre Bereitschaft zur Mitwirkung stark mindert (Mintzberg, 1994). Mintzberg kritisiert weiter, dass dieser autoritäre Ansatz nicht nur die Akzeptanz der Veränderungsmaßnahmen gefährdet, sondern auch dazu führt, dass die Implementierung der Veränderungen häufig oberflächlich bleibt. Die Veränderungen werden nicht tief genug in der Unternehmenskultur verankert, und ihre Wirkung ist daher nur kurzfristig spürbar. Laut Mintzberg ist eine tiefergehende Integration der Veränderungen in die Struktur und die täglichen Abläufe der Organisation notwendig, um nachhaltigen Erfolg zu erzielen.

Dieser renommierte Managementexperte plädiert für partizipative Ansätze im Change Management. Bei dieser Herangehensweise werden die Mitarbeitenden aktiv in den Veränderungsprozess einbezogen. Sie sind nicht nur Empfänger:innen von Entscheidungen, sondern tragen zur Gestaltung und Umsetzung bei. Mintzberg betont, dass ein solcher Ansatz nicht nur die Akzeptanz der Veränderungen stärkt, sondern auch das Engagement und die Eigenverantwortung der Mitarbeitenden fördert. Dies führt zu einer tieferen und nachhaltigeren Umsetzung der Veränderungen, da die Mitarbeitenden sich stärker mit den Zielen und Maßnahmen identifizieren können (Mintzberg, 2000).

Mintzberg sieht Change Management daher nicht nur als eine rein organisatorische Aufgabe, sondern als einen Prozess, der auch die menschliche Dimension berücksichtigen muss. Veränderungen müssen sowohl den organisatorischen als auch den menschlichen Aspekten gerecht werden, was nur durch eine enge Zusammenarbeit und aktive Beteiligung der Mitarbeitenden erreicht werden kann.

So betont er in seinen Arbeiten, dass Strategien nicht nur geplant, sondern auch emergent sein können. In dynamischen Umwelten entstehen Strategien oft aus dem Zusammenspiel von individuellen Handlungen und kollektivem Lernen. Dieser Ansatz steht im Gegensatz zu traditionellen, top-down ausgerichteten Planungsmodellen. Im Kontext des Change Managements bedeutet dies, dass Unternehmen flexible und anpassungsfähige Strukturen schaffen müssen, die es den Mitarbeitenden ermöglichen, aktiv an der Gestaltung von Veränderungen mitzuwirken. Durch die Einbindung der Mitarbeitenden in den Veränderungsprozess können Unternehmen nicht nur die Akzeptanz für neue Ideen erhöhen, sondern auch von deren individuellen Erfahrungen und Perspektiven profitieren. Dies führt zu einer höheren Innovationskraft und einer stärkeren Identifikation der Mitarbeitenden mit den Zielen des Unternehmens.

Critical Management Studies

Einige Wissenschaftler aus dem Bereich der Critical Management Studies (CMS) argumentieren, dass Change Management häufig als Werkzeug zur Kontrolle und Disziplinierung der Belegschaft eingesetzt wird, anstatt als Mittel zur tatsächlichen Verbesserung der Arbeitsbedingungen und der Unternehmenskultur. Diese kritische Perspektive beleuchtet die Schattenseiten des Change Managements und hinterfragt, ob und inwieweit Veränderungen oft auf die Wahrung bestehender Machtstrukturen abzielen, anstatt echte, nachhaltige Transformationen zu ermöglichen.

Führende Denker wie Mats Alvesson, Hugh Willmott, Norman Fairclough und Martin Parker haben die Auswirkungen von Change-Management-Praktiken auf Organisationen eingehend untersucht. Alvesson, der sich intensiv mit Organisationskultur beschäftigt, argumentiert, dass viele Change Management-Ansätze eher die bestehende Unternehmenskultur verstärken als sie zu verändern. Diese Theorie geht davon aus, dass Change-Management-Maßnahmen oft von oben herab eingeführt werden, wobei die tief verwurzelten kulturellen Normen und Werte, die das Verhalten der Mitarbeitenden steuern, nicht ausreichend berücksichtigt werden (Alvesson, 2002).

Hugh Willmott, ein weiterer prominenter Kritiker, befasst sich mit den Machtstrukturen in Organisationen. Er sieht Change Management als eine Methode, um Machtverhältnisse zu festigen und die Kontrolle über die Belegschaft auszuweiten. Dies führt dazu, dass Veränderungen häufig nicht im Interesse der Mitarbeitenden erfolgen, sondern vielmehr im Dienst der Organisation als Ganzes, um bestimmte strategische Ziele zu erreichen (Willmott, 1996). Willmott sieht Change Management oft als ein Instrument der Disziplinierung, das dazu dient, die Mitarbeitenden an die Ziele der Organisation anzupassen. Veränderungen können dabei als Mittel zur Kontrolle und Überwachung der Mitarbeitenden eingesetzt werden. Willmott betont die Bedeutung von Symbolen und Ritualen in Organisationen. Diese können dazu genutzt werden, bestimmte Werte und Normen zu vermitteln und die Machtverhältnisse zu legitimieren. Willmott weist darauf hin, dass Veränderungen häufig auf Widerstand stoßen, da sie bestehende Machtstrukturen und Identitäten in Frage stellen.

Restrukturierungen, die Willmott als Beispiel anführt, werden oft als notwendig dargestellt, um die Wettbewerbsfähigkeit zu erhöhen. In Wirklichkeit können sie aber auch dazu dienen, Kosten zu senken und die Macht der Führungsebene zu stärken. Der Begriff „Kulturwandel" wird oft verwendet, um tiefgreifende Veränderungen zu legitimieren, die in Wirklichkeit nur oberflächliche Veränderungen der Unternehmenskultur bewirken. Leistungsorientierte Anreizsysteme können dazu führen, dass Mitarbeitende sich gegenseitig Konkurrenz machen und die Zusammenarbeit leidet. Es ist wichtig, die zugrunde liegenden Machtverhältnisse und Interessen von Veränderungsprozessen kritisch zu hinterfragen. Mitarbeitende sollten aktiv in die Gestaltung von Veränderungen einbezogen werden, um ihre Akzeptanz zu erhöhen und eine gerechtere Verteilung von Macht und Ressourcen zu fördern. Unternehmen sollten ihre soziale Verantwortung wahrnehmen und sich für eine gerechte und nachhaltige Entwicklung einsetzen.

Willmotts Arbeiten stehen in engem Zusammenhang mit den Arbeiten von Michel Foucault, der die Bedeutung von Macht und Wissen in sozialen Kontexten untersucht hat. Willmotts Kritik an Change-Management-Praktiken ist ein wichtiger Beitrag zur Diskussion über die ethischen Implikationen von organisationalen Veränderungen. Seine Arbeiten fordern uns dazu auf, die Machtstrukturen in Organisationen kritisch zu hinterfragen und alternative Ansätze zu entwickeln, die auf Partizipation, Gerechtigkeit und Nachhaltigkeit setzen.

Norman Fairclough, ein Linguist und Sozialtheoretiker, hat das Thema Macht in der Sprache innerhalb von Organisationen und im Management untersucht. Er argumentiert, dass Change Management oft durch eine spezifische Sprache und Rhetorik legitimiert wird, die die bestehende Machtstruktur verschleiert. Diese Art der Kommunikation kann die Mitarbeitenden dazu bringen, Veränderungen als notwendig oder positiv wahrzunehmen, ohne die zugrunde liegenden Machtverhältnisse zu hinterfragen (Fairclough, 1995). Martin Parker hinterfragt die ethischen Implikationen von Change Management und Managementpraktiken und stellt dabei fest, dass Change Management häufig dazu benutzt wird, eine neoliberale Agenda durchzusetzen, die auf Effizienz und Kostenreduzierung fokussiert ist, ohne die sozialen und ethischen Auswirkungen ausreichend zu berücksichtigen (Parker, 2002).

Um die Komplexität des Themas noch besser zu beleuchten, können wir die Ansätze von Fairclough und Parker miteinander verknüpfen. Beide Autoren betonen, wie Sprache und Diskurs zur Konstruktion von Wirklichkeit und zur Legitimierung von Machtverhältnissen eingesetzt werden. Fairclough fokussiert sich dabei auf die sprachlichen Mechanismen, durch die bestimmte Interessen und Perspektiven bevorzugt werden. Er analysiert, wie Sprache genutzt wird, um Veränderungen als notwendig und positiv darzustellen, auch wenn sie negative Konsequenzen für bestimmte Gruppen haben können.

Parker hingegen betont die ethischen Implikationen dieser Prozesse und kritisiert die neoliberale Agenda, die oft hinter Veränderungsprozessen steht. Er zeigt auf, wie wirtschaftliche Interessen die Gestaltung von Veränderungen prägen und die sozialen und menschlichen Folgen vernachlässigen.

Sowohl Fairclough als auch Parker betonen, dass Machtverhältnisse und Ideologien die Gestaltung von Veränderungsprozessen maßgeblich beeinflussen. Beide Autoren fordern dazu auf, die Sprache und die zugrunde liegenden Annahmen von Veränderungsprozessen kritisch zu hinterfragen. Eine stärkere Beteiligung der Mitarbeitenden an der Gestaltung von Veränderungen ist notwendig, um eine gerechtere Verteilung von Macht und Ressourcen zu erreichen. Unternehmen sollten ihre soziale Verantwortung wahrnehmen und sich für eine nachhaltige Entwicklung einsetzen.

Die Arbeiten von Fairclough und Parker sind ein wichtiger Beitrag zur kritischen Analyse von Change Management. Sie zeigen, dass Sprache und Macht eng miteinander verbunden sind und dass Veränderungsprozesse nicht nur technische Anpassungen sind, sondern auch soziale und kulturelle Dimensionen haben. Durch eine kritische Auseinandersetzung mit den zugrunde liegenden Annahmen und Interessen können wir dazu beitragen, dass Veränderungen gerechter, nachhaltiger und menschlicher gestaltet werden.

Stephen Linstead untersucht die kulturellen, symbolischen und ästhetischen Dimensionen von Organisationen und zeigt auf, wie Change Management als ein kulturelles Phänomen interpretiert werden kann, das durch symbolische Handlungen und Bedeutungen das Verhalten der Mitarbeitenden lenken soll (Linstead, 2000). Linsteads Arbeiten bieten eine wichtige Ergänzung zu rationalen Ansätzen im Change Management. Sie zeigen, dass Veränderungen nicht nur auf der Ebene von Strukturen und Prozessen stattfinden, sondern auch tiefgreifende Auswirkungen auf die Identitäten und das Verhalten der Mitarbeitenden haben. Ein erfolgreiches Change Management muss daher sowohl die rationalen als auch die symbolischen und kulturellen Aspekte berücksichtigen.

David Knights geht auf die Themen Identität, Macht und Geschlecht in Organisationen ein und argumentiert, dass Change Management oft bestehende Geschlechterrollen und Hierarchien verstärkt, anstatt diese zu hinterfragen oder zu verändern. Dies führt dazu, dass die Veränderungen nur in oberflächlicher Weise stattfindet und die grundlegenden sozialen Ungleichgewichte innerhalb der Organisation bestehen bleiben (Knights, 1999). Knights' Arbeit ist ein wichtiger Beitrag zur kritischen Betrachtung von Change Management. Sie zeigt, dass Veränderungen nicht nur technische Anpassungen sind, sondern auch soziale und kulturelle Dimensionen haben. Um nachhaltige Veränderungen zu erreichen, müssen wir die Machtstrukturen in Organisationen hinterfragen und eine gerechtere und inklusivere Arbeitswelt gestalten.

Schließlich betrachtet Mike Reed die Dynamiken von Organisationsmacht, Governance und organisatorischen Veränderungen. Er betont, dass Change Management oft als ein Werkzeug der Governance eingesetzt wird, um die Kontrolle innerhalb von Organisationen zu stärken, was zu einer verstärkten Überwachung und Kontrolle der Mitarbeitenden führt (Reed, 2000).

Mats Alvesson (2002; 2013) ist ein führender Kritiker im Bereich der Critical Management Studies (CMS) und untersucht die Oberflächlichkeiten und Illusionen moderner Managementpraktiken, einschließlich Change Management. In seinen Arbeiten, besonders in Critical Management Studies und The Triumph of Emptiness, widmet er sich der Analyse von Management- und Change-Management-Prozessen, die seiner Meinung nach oft oberflächlich bleiben und nur symbolischen Charakter haben. Alvesson bietet eine wichtige kritische Perspektive auf das Change Management. Seine Arbeiten zeigen, dass Veränderungen nicht nur rationalen Überlegungen folgen, sondern auch von symbolischen, kulturellen und machtpolitischen Faktoren geprägt sind. Um nachhaltige Veränderungen zu erreichen, müssen diese Aspekte berücksichtigt werden.

Alvesson kritisiert, dass viele Unternehmen Veränderungen umsetzen, ohne tiefgreifende strukturelle Anpassungen vorzunehmen. Stattdessen ersetzen kosmetische Korrekturen echte Transformationen. Diese Oberflächlichkeit ist laut Alvesson ein zentrales Problem in vielen Change-Management-Ansätzen. Moderne Organisationen seien häufig von einer „kulturellen Leere" geprägt, in der Image und Symbolik über substanzielle Verbesserungen gestellt werden. Diese Managementkultur orientiere sich stark an kurzlebigen Trends und schaffe es nicht, langfristigen Nutzen zu generieren.

Ein weiteres zentrales Thema in Alvessons Kritik ist das Konsensdenken, das in vielen Organisationen vorherrscht. Er argumentiert, dass dieses Denken echte Innovation und kritisches Hinterfragen behindert. Besonders im Change Management führt diese Tendenz dazu, dass Unternehmen sich an allgemein anerkannten Standards und Best Practices orientieren, ohne die spezifischen Bedürfnisse ihrer Organisationen zu reflektieren. Dadurch werden Veränderungsprozesse zwar durchgeführt, aber sie erreichen nicht die Tiefe oder die Wirksamkeit, die für eine echte Transformation notwendig wären.

Darüber hinausgehend kritisiert Alvessons die Ideologisierung von Managementpraktiken. Diese Praktiken, so Alvesson, erhalten ihre Legitimität weniger durch tatsächliche Wirksamkeit, sondern vielmehr durch ihre weite Verbreitung. Er kritisiert die weit verbreitete Annahme, dass mehr Management automatisch zu besseren Leistungen führt, ohne diese Annahme jemals kritisch zu hinterfragen. Diese Ideologisierung ist besonders in Change-Management-Prozessen problematisch, da sie dazu führt, dass Veränderungen implementiert werden, die vor allem der Wahrung eines modernen und progressiven Images dienen, ohne die tatsächliche Funktionsweise der Organisation zu beeinflussen. Alvesson fordert dazu auf, Management- und Change-Management-Prozesse kritisch zu hinterfragen und sich nicht blind an gängigen Modellen und Methoden zu orientieren. Er plädiert für eine tiefere Reflexion der organisationalen Kultur und eine ehrlichere Auseinandersetzung mit den tatsächlichen Herausforderungen des Wandels. Seiner Ansicht nach sollten Veränderungen nicht nur kosmetischer Natur sein, sondern echte, tiefgreifende Veränderungen in der Organisation anstoßen.

8-Stufen-Modell

John Kotter (1996; 2012), ein Befürworter des Change Managements, hat in seinen Arbeiten nicht nur zentrale Erfolgsfaktoren, sondern auch die Schwächen und Fehler vieler Veränderungsinitiativen aufgezeigt. Kotter betont, dass unzureichende Vorbereitung und Kommunikation häufig die Hauptursachen für das Scheitern von Change-Prozessen sind. Eine klare Vision und eine überzeugende Kommunikation sind entscheidend, um Mitarbeitende zu motivieren und ihre Unterstützung zu gewinnen. Ohne diese Grundlagen entstehen oft Verwirrung oder Widerstand, was den Veränderungsprozess erheblich behindert.

Kotter hebt hervor, dass viele Unternehmen in ihren Veränderungsprozessen die Bedeutung einer klaren Vision unterschätzen. Diese Vision muss verständlich, attraktiv und inspirierend sein, um die Mitarbeitenden auf die Reise mitzunehmen. Zudem muss sie von allen Führungsebenen konsequent kommuniziert und in die tägliche Arbeit integriert werden. Ohne diese klare, gemeinschaftlich getragene Vision werden Mitarbeitende nicht verstehen, warum die Veränderung notwendig ist, was zu Missverständnissen und Widerstand führen kann.

Ein weiterer zentraler Punkt, den Kotter hervorhebt, ist die fehlende Unterstützung durch das Top-Management. Veränderungen benötigen starke Führung, die nicht nur die strategische Richtung vorgibt, sondern auch aktiv die Umsetzung unterstützt. Wenn das Top-Management nicht vollständig hinter einer Change-Initiative steht oder nur halbherzig handelt, fehlt oft der notwendige Rückhalt, um den Wandel konsequent voranzutreiben und nachhaltig zu verankern. Kotter warnt, dass ohne eine klare Verpflichtung der obersten Führungsebene Veränderungen von vornherein zum Scheitern verurteilt sind.

Kotter plädiert daher für eine systematische und strukturierte Herangehensweise an Change Management, die eine klare Vision, starke Führung und umfassende Kommunikation vereint. Diese Elemente sind die Grundlage, um die typischen Schwächen in Veränderungsprozessen zu überwinden und den Erfolg langfristig sicherzustellen. Nur wenn diese Komponenten konsequent integriert und mit einer langfristigen Perspektive versehen werden, können Unternehmen ihre Change-Initiativen erfolgreich durchführen und den Wandel nachhaltig gestalten.

Zu starker Fokus auf Technik- und Prozessaspekte

Peter Drucker (1999; 2001), einer der bekanntesten Managementvordenker, hat wiederholt betont, dass viele Change-Management-Initiativen scheitern, weil sie einen zu starken Fokus auf technische und prozessuale Aspekte legen und dabei die menschlichen und kulturellen Faktoren vernachlässigen. Nach Drucker ist die wahre Herausforderung des Change Managements nicht nur in der Umstrukturierung von Prozessen und Systemen zu finden, sondern in der Art und Weise, wie Menschen arbeiten, denken und interagieren. Er argumentiert, dass Veränderungen tief in der Kultur und den Gewohnheiten einer Organisation verwurzelt sind und dass die menschliche Dimension der Veränderung mindestens genauso wichtig ist wie die strukturelle.

Drucker hebt hervor, dass der Erfolg von Change-Management-Initiativen maßgeblich davon abhängt, wie gut die menschlichen Aspekte berücksichtigt werden. Dazu zählt vor allem die Einbindung der Mitarbeitenden in den Veränderungsprozess, die Berücksichtigung der bestehenden Unternehmenskultur und die Schaffung eines unterstützenden Umfelds, das Veränderung ermöglicht und fördert. Wenn diese Faktoren vernachlässigt werden, entstehen schnell Widerstände, die den gesamten Veränderungsprozess gefährden können. Mitarbeitende, die sich übergangen oder nicht mitgenommen fühlen, werden sich in der Regel gegen die Veränderungen wehren, was nicht nur den Erfolg der Initiative, sondern auch die Nachhaltigkeit der erzielten Ergebnisse gefährden kann.

Laut Drucker sollten Führungskräfte daher nicht nur die technischen und operativen Aspekte von Veränderungen managen, sondern auch als „kulturelle Architekten" agieren. Sie müssen die bestehenden Werte, Normen und Verhaltensweisen innerhalb der Organisation in Einklang mit den angestrebten Veränderungen bringen. Ein ganzheitlicher Ansatz, der sowohl die menschliche als auch die prozessuale Dimension von Veränderung adressiert, ist für Drucker der Schlüssel zu nachhaltigem Wandel. Dieser Ansatz stellt sicher, dass die Veränderungen nicht nur auf der Oberfläche stattfinden, sondern tief in der Kultur und den alltäglichen Arbeitsweisen der Organisation verankert werden.

Business Reengineering

Michael Hammer und James Champy (1993; 2001) üben scharfe Kritik an vielen gängigen Change-Management-Praktiken, die ihrer Ansicht nach oft nur oberflächliche Anpassungen von Prozessen darstellen, anstatt eine tiefgreifende Transformation der gesamten Organisation zu erreichen. Sie argumentieren, dass Change-Management-Initiativen häufig auf kleinere, inkrementelle Änderungen fokussiert sind, die zwar kurzfristig Verbesserungen bringen, jedoch nicht ausreichen, um die zugrunde liegenden, systemischen Probleme einer Organisation anzugehen.

In ihrem Buch plädieren Hammer und Champy für einen radikalen Ansatz, der als Business Reengineering bezeichnet wird. Sie betonen, dass echte Veränderungen nicht nur auf die Anpassung von Prozessen abzielen, sondern eine grundlegende Umgestaltung der gesamten Unternehmensstruktur, Kultur und Arbeitsweise erfordern. Dies bedeutet, dass Unternehmen ihre Prozesse nicht nur effizienter gestalten sollten, sondern diese von Grund auf neu denken müssen, um ihre Effektivität zu maximieren und die Organisation langfristig auf zukünftige Herausforderungen vorzubereiten.

Der Business-Reengineering-Ansatz geht weit über die typischen Change-Management-Initiativen hinaus, die häufig nur punktuelle Verbesserungen an bestehenden Prozessen vornehmen. Hammer und Champy fordern eine vollständige Neugestaltung von Unternehmen, die alle Ebenen umfasst – von der Unternehmensstrategie bis hin zu den operativen Prozessen. Dies erfordert eine tiefgreifende Überprüfung und Neuordnung, um sicherzustellen, dass jede Komponente des Unternehmens auf die Erreichung langfristiger Ziele ausgerichtet ist.

Die Kritik der beiden Autoren richtet sich insbesondere gegen Change-Management-Ansätze, die nicht weit genug gehen und daher keine tiefgreifende und nachhaltige Veränderung bewirken. Stattdessen fordern sie eine radikale Umstrukturierung, die Unternehmen ermöglicht, sich auf allen Ebenen zu erneuern und ihre Wettbewerbsfähigkeit langfristig zu sichern. Sie sind der Ansicht, dass nur durch eine solche umfassende Neugestaltung Organisationen in der Lage sind, in einer sich schnell verändernden Welt erfolgreich zu bleiben.

Holistischer Ansatz

Rosabeth Moss Kanter (1983; 1992; 1996; 1999), eine führende Expertin im Bereich Change Management, kritisiert in verschiedenen Arbeiten die häufigen Mängel von Change-Management-Projekten, insbesondere im Hinblick auf die Nachhaltigkeit und die langfristige Wirkung von Veränderungen. Sie betont, dass Unternehmen oft in der anfänglichen Phase eines Change-Projekts viel Energie und Ressourcen investieren, insbesondere in die Planung und Einführung von Veränderungen. Doch häufig fehlt es an einer kontinuierlichen Begleitung und den notwendigen Anpassungen während der Implementierung. Diese Vernachlässigung führt dazu, dass die Veränderungen nur oberflächlich bleiben und die Organisationen nicht nachhaltig transformiert werden. Kanter fordert daher einen holistischen Ansatz, bei dem nicht nur die technischen und strukturellen Aspekte des Wandels berücksichtigt werden, sondern auch die sozialen und kulturellen Dimensionen. Sie argumentiert, dass Veränderungen nicht nur Prozesse und Strukturen betreffen, sondern tief in die Identität und das tägliche Leben der Mitarbeitenden eingreifen. Wenn die Mitarbeitenden nicht aktiv in den Veränderungsprozess eingebunden werden, entstehen Unsicherheiten und Widerstand. Dies führt zu Frustration und kann die Akzeptanz und das Engagement für die Veränderungsmaßnahmen gefährden.

Kanter hebt hervor, dass Change Management nicht nur eine technische Aufgabe ist, sondern eine, die das menschliche Element in den Mittelpunkt stellen muss. Eine klare Kommunikation, die sowohl die Gründe für die Veränderung als auch die konkreten Auswirkungen auf die Mitarbeitenden transparent macht, ist entscheidend. Die Mitarbeitenden müssen verstehen, wie die Veränderungen ihr tägliches Arbeiten beeinflussen und wie sie aktiv zum Erfolg der Transformation beitragen können.

Zudem fordert Kanter, dass Unternehmen ihre Führungskräfte in ihrer Rolle als Change Agents stärken. Führungskräfte müssen nicht nur die Veränderung vorantreiben, sondern auch als Vorbilder agieren, die ihre Mitarbeitenden durch den Prozess begleiten und unterstützen. Nur durch diesen menschenzentrierten Ansatz können Veränderungen erfolgreich implementiert und langfristig in der Unternehmenskultur verankert werden. Kanters Fokus auf den sozialen Aspekt von Change Management verdeutlicht die Notwendigkeit, neben den strukturellen und prozessualen Anpassungen auch die emotionale und kulturelle Seite des Wandels zu berücksichtigen. Veränderung, so Kanter, ist ein kontinuierlicher Prozess, der sowohl die Organisation als Ganzes als auch die individuellen Erfahrungen der Mitarbeitenden miteinbeziehen muss. Nur so können Unternehmen eine nachhaltige Transformation erreichen, die nicht nur erfolgreich implementiert wird, sondern auch langfristig wirksam bleibt.

Kanter betont auch, dass Unternehmen den Change-Management-Prozess als eine langfristige Investition betrachten sollten. Häufig scheitern Change-Initiativen nicht an der ersten Phase der Umsetzung, sondern daran, dass nach der anfänglichen Einführung der Veränderung keine ausreichenden Ressourcen für die nachhaltige Verankerung bereitgestellt werden. Der Erfolg von Veränderungsprozessen erfordert nicht nur ein einmaliges Engagement, sondern eine kontinuierliche Begleitung, die sicherstellt, dass die Veränderungen in den täglichen Betrieb integriert werden und von den Mitarbeitenden als Teil ihrer Arbeit wahrgenommen werden. Kanter argumentiert, dass Change Management mehr ist als die Einführung neuer Prozesse oder Technologien; es muss auch die Unternehmenskultur transformieren und die Menschen befähigen, sich aktiv an der Veränderung zu beteiligen. Ein wesentliches Element ihres Ansatzes ist die Empowerment-Philosophie, die die Mitarbeitenden ermutigt, Verantwortung zu übernehmen und sich aktiv in den Veränderungsprozess einzubringen. Hierbei betont sie, dass die Kommunikation von Zielen und der Zweck von Veränderungen klar und transparent sein muss, um das Engagement und die Akzeptanz auf allen Ebenen der Organisation zu fördern.

Ein weiterer wichtiger Punkt, den Kanter anspricht, ist die Notwendigkeit von flexiblen, iterativen Anpassungen während des Change-Prozesses. Sie betont, dass Unternehmen häufig dazu neigen, ihre Veränderungsstrategien als starr und endgültig zu betrachten. Ein erfolgreiches Change Management muss jedoch Raum für Anpassungen lassen, um auf unvorhergesehene Herausforderungen oder Veränderungen im Umfeld reagieren zu können. Unternehmen, die auf eine kontinuierliche Anpassung setzen, sind in der Lage, ihre Veränderungen nachhaltig und langfristig zu implementieren, ohne dass sie in alte, ineffiziente Muster zurückfallen.

Kanter fordert daher Unternehmen dazu auf, Change Management als einen iterativen Prozess zu betrachten, der nie abgeschlossen ist, sondern stets weiterentwickelt werden muss. Nur so können Unternehmen nicht nur ihre internen Prozesse optimieren, sondern auch die gesamte Kultur und die Beziehungen zu ihren Mitarbeitenden langfristig verbessern. Dies führt nicht nur zu einer erfolgreichen Implementierung von Veränderungen, sondern auch zu einer gesteigerten Zufriedenheit und Bindung der Mitarbeitenden, die sich als aktive Teilnehmer im Veränderungsprozess sehen.

Ein weiterer wichtiger Aspekt in Kanters Forschung ist die Bedeutung von Leadership während des Change-Prozesses. Sie hebt hervor, dass Veränderungen nur dann erfolgreich umgesetzt werden können, wenn Führungskräfte nicht nur als Entscheidungsinstanzen, sondern auch als Vorbilder und Unterstützer der Veränderung fungieren. Führungskräfte müssen eine klar kommunizierte Vision vermitteln, die die Richtung des Wandels vorgibt, und gleichzeitig ein Umfeld schaffen, in dem Mitarbeitende sich sicher und unterstützt fühlen, um die notwendigen Anpassungen vorzunehmen. Kanter betont, dass Führungskräfte durch ihr Engagement und ihre aktive

Beteiligung am Veränderungsprozess die Akzeptanz und das Vertrauen der Mitarbeitenden gewinnen können. Ihre Fähigkeit, den Wandel zu fördern und eine Kultur des kontinuierlichen Lernens zu etablieren, ist entscheidend, um den Veränderungsprozess langfristig zu verankern und die gewünschten Ergebnisse zu erzielen.

In ihren Arbeiten betont Kanter zudem, dass führende Veränderungsprozesse eine klare Vision und ein starkes Engagement von oben nach unten erfordern. Sie hebt hervor, dass eine klare Vision nicht nur die Richtung vorgibt, sondern auch als Leitfaden für alle Mitarbeitenden dient, um die Notwendigkeit des Wandels zu verstehen und sich mit den Zielen der Veränderung zu identifizieren. Gleichzeitig muss dieses Engagement von der Führungsebene konsequent unterstützt werden. Führungskräfte müssen nicht nur Entscheidungen treffen, sondern auch aktiv den Wandel vorantreiben, indem sie Ressourcen bereitstellen, Hindernisse abbauen und eine unterstützende Kultur schaffen. Kanter argumentiert, dass Veränderungsprozesse ohne eine starke und sichtbare Unterstützung durch das Top-Management oft scheitern, da sie ansonsten nicht die nötige Priorität innerhalb der Organisation erhalten und die Mitarbeitenden den Wandel als weniger bedeutend wahrnehmen.

Soziale und kulturelle Dimension

Stefan Kühl hat in seinen Forschungsarbeiten immer wieder die soziale und kulturelle Dimension von Veränderungsprozessen in Organisationen beleuchtet. In seiner Arbeit kritisiert er, dass viele Change-Management-Initiativen von den institutionellen Strukturen und bestehenden Machtverhältnissen innerhalb von Organisationen geprägt sind, statt echte und nachhaltige Veränderungen zu fördern. Kühl (2015) hat gezeigt, dass vermeintlich flache Hierarchien und partizipative Managementansätze oft dazu dienen, die Kontrolle über die Organisation zu stärken und weniger auf eine wirkliche Transformation ausgerichtet sind. Er zeigt auf, dass diese Praktiken häufig dazu verwendet werden, Machtstrukturen zu verschleiern und das bestehende System zu stabilisieren, anstatt echte Veränderungen herbeizuführen.

Ein zentraler Punkt von Kühls Forschung ist, dass Change-Management-Prozesse oft im Rahmen einer bestimmten ideologischen Sichtweise durchgeführt werden, die die wirklichen Probleme der Organisation nicht adressiert, sondern vielmehr die bestehenden Machtverhältnisse und Normen fortschreibt. Dies führt dazu, dass Veränderungen oft als kosmetische Anpassungen wahrgenommen werden, die wenig zur langfristigen Weiterentwicklung der Organisation beitragen. Er fordert daher eine tiefere Auseinandersetzung mit den sozialen und kulturellen Aspekten von Change Management und plädiert für einen kritischeren Blick auf die realen Machtverhältnisse in Organisationen. In seinen Arbeiten geht er davon aus, dass Veränderungsprozesse nicht nur technische Herausforderungen sind, sondern auch in einem breiteren gesellschaftlichen und kulturellen Kontext verstanden werden müssen.

Rudolf Wimmer hat in seiner Forschung wiederholt die Rolle von Machtstrukturen in Organisationen und die Auswirkungen auf Change-Management-Prozesse untersucht. In seinen Arbeiten zeigt er auf, wie Führungskräfte oft unbewusst oder absichtlich bestehende Machtverhältnisse aufrechterhalten, anstatt die erforderlichen Veränderungen in den Organisationsstrukturen und -prozessen zu fördern. Wimmer kritisiert, dass Managementpraktiken häufig nicht darauf abzielen, die Organisation im Sinne einer echten Transformation zu verändern, sondern vielmehr dazu verwendet werden, die Positionen und Interessen der Führungsebene zu sichern.

Wimmer (2015) betrachtet Führungskräfte nicht nur als Entscheidungsträger, sondern auch als aktive Akteure im Kontext von Macht und Kontrolle innerhalb von Organisationen. Er beschreibt, wie Führungskräfte durch ihre Entscheidungen und Handlungen die Kultur und Struktur einer Organisation beeinflussen und damit den Erfolg oder Misserfolg von Veränderungsprozessen steuern. Wimmer fordert eine tiefere Reflexion über die Art und Weise, wie Führung in Organisationen verstanden und praktiziert wird, und plädiert dafür, Führungskräfte als Gestalter und nicht als bloße Verwalter von Veränderungsprozessen zu sehen. Wimmer betont zudem, dass eine echte und nachhaltige Veränderung nicht nur durch technische oder strukturelle Maßnahmen erreicht werden kann, sondern dass es eine grundlegende Auseinandersetzung mit den Machtverhältnissen innerhalb der Organisation erfordert. Wimmer fordert einen dialogischen Ansatz, bei dem Führungskräfte nicht nur als Entscheidungsträger auftreten, sondern auch als Partner der Mitarbeitenden, die gemeinsam die Veränderung gestalten und vorantreiben. Nur durch diese Art der partizipativen Führung können Change-Management-Prozesse erfolgreich und langfristig implementiert werden.

Eberle (1990; 2000), ein prominenter Soziologe aus der Schweiz, ist bekannt für seine tiefgehenden Analysen der sozialen Strukturen in Organisationen, insbesondere durch die Linse der Ethnomethodologie. In seinen Arbeiten untersucht er, wie Managementpraktiken nicht nur die formalen Strukturen von Organisationen beeinflussen, sondern auch die informellen sozialen Interaktionen und Machtverhältnisse innerhalb von Organisationen gestalten. Eberle argumentiert, dass die Mechanismen des Managements oft zu einer Verstärkung der bestehenden sozialen Hierarchien und Machtstrukturen führen, anstatt diese zu hinterfragen oder zu transformieren.

Ein zentraler Punkt in Eberles Forschung ist die kritische Betrachtung der Art und Weise, wie Managementpraktiken die sozialen Interaktionen innerhalb einer Organisation beeinflussen. Er zeigt auf, dass Entscheidungsprozesse, die aus der Perspektive des Managements als rational und objektiv erscheinen, in Wirklichkeit tief in sozialen Normen und Machtverhältnissen verwurzelt sind. Diese sozialen Dynamiken, so Eberle, werden häufig durch die strukturellen und kulturellen Praktiken im Management verstärkt. Er kritisiert, dass viele Change-Management-Initiativen, obwohl sie als Veränderung verkauft werden, in Wirklichkeit nur bestehende soziale Strukturen und Machtverhältnisse reproduzieren.

Eberles Arbeiten bieten somit eine wertvolle Perspektive, um zu verstehen, wie organisatorische Veränderungen nicht nur als technische Prozesse, sondern auch als soziale Phänomene betrachtet werden sollten. Seiner Ansicht nach müssen Change-Management-Prozesse nicht nur die formalen, sondern auch die sozialen und informellen Strukturen einer Organisation in den Blick nehmen, um wirkliche und nachhaltige Veränderungen zu erreichen. Eine solche Perspektive fordert eine tiefere Auseinandersetzung mit den sozialen und kulturellen Aspekten von Veränderungsprozessen und ermutigt dazu, den Fokus nicht nur auf organisatorische Strukturen, sondern auch auf die Machtverhältnisse und sozialen Interaktionen zu richten, die diese Strukturen prägen.

Wiederkehrende Fehler der Berater:innen

Leider werden durch den ungeschützten Berufsstand der Berater:innen viele Fehler gemacht, die das ohnehin schlechte Image der Beratungsbranche weiter verstärken. Diese Fehler, die häufig auf unzureichender Berücksichtigung von Unternehmens- und Mitarbeitendeninteressen sowie mangelnder Transparenz beruhen, führen oft zu ungewollten negativen Auswirkungen und scheitern an den eigentlichen Zielen der Veränderungsprozesse. Schauen wir uns im nächsten Abschnitt genauer an, welche dieser Fehler immer wieder auftreten und welche Konsequenzen sie für die Branche und die Unternehmen haben.

Ein häufiger Fehler, der in der Praxis beobachtet wird, ist die unzureichende Berücksichtigung der Unternehmenskultur. Es wird manchmal eine standardisierte Vorgehensweise angewandt, die den spezifischen kulturellen Kontext eines Unternehmens außer Acht lässt. Dabei spielt die Unternehmenskultur eine zentrale Rolle für den Erfolg von Veränderungsprozessen. Wenn Maßnahmen implementiert werden, die nicht mit den Werten, Normen und der Arbeitsweise des Unternehmens harmonieren, führen sie häufig zu Widerständen und letztlich zu einem Scheitern der Veränderung.

Ein weiterer Fehler ist der Einsatz von „Schablonenlösungen", also standardisierten Ansätzen, die nicht auf die individuellen Bedürfnisse eines Unternehmens abgestimmt sind. Diese „One-size-fits-all"-Methodik kann dazu führen, dass wichtige, spezifische Herausforderungen eines Unternehmens nicht erfasst werden, wodurch die vorgeschlagenen Maßnahmen nicht effektiv sind und keine langfristigen Ergebnisse liefern. Stattdessen erfordert Change Management einen flexiblen Ansatz, der auf die jeweiligen Rahmenbedingungen und Herausforderungen des Unternehmens zugeschnitten ist.

Mangelnde Kommunikation ist ein weiteres häufiges Problem. Wenn Berater:innen ihre Analysen, Empfehlungen oder Ziele nicht klar und verständlich kommunizieren, entstehen Missverständnisse und Akzeptanzprobleme, insbesondere auf der Mitarbeitendenebene. Eine transparente und kontinuierliche Kommunikation ist entscheidend, um Widerstand zu minimieren und sicherzustellen, dass die Mitarbeitenden die Veränderungsprozesse verstehen und aktiv mittragen.

Auch die Einbindung der Mitarbeitenden wird in vielen Fällen nicht ausreichend berücksichtigt. Veränderungen sind nur dann erfolgreich, wenn alle Beteiligten aktiv in den Prozess einbezogen werden. Berater:innen, die die Perspektiven der Mitarbeitenden ignorieren oder deren Bedenken nicht berücksichtigen, riskieren, dass die Akzeptanz und das Engagement für die geplanten Maßnahmen verloren gehen. Partizipation ist daher ein zentraler Bestandteil für den Erfolg von Veränderungsprozessen.

Schließlich wird Berater:innen häufig vorgeworfen, dass sie zu sehr auf kurzfristige Erfolge fokussieren und langfristige Perspektiven vernachlässigen. Projekte, die in erster Linie auf schnelle Erfolge abzielen, berücksichtigen oft nicht die nachhaltige Implementierung und Anpassung von Veränderungen. Dies führt dazu, dass die erzielten Ergebnisse nicht langfristig tragfähig sind und die Organisation in alte Muster zurückfällt. Ein langfristig orientierter Ansatz, der auch die Kontinuität und nachhaltige Wirkung von Veränderungen im Blick behält, ist unerlässlich.

Berater:innen, die diese Fehler vermeiden wollen, müssen individuell auf die Bedürfnisse und Strukturen ihrer Kunden eingehen und maßgeschneiderte Lösungen entwickeln. Das erfordert ein tiefes Verständnis für die Besonderheiten der jeweiligen Organisation, die Bereitschaft, von vorgefertigten Modellen abzurücken und kreative, individuelle Lösungen zu finden. Nur so können Change-Management-Projekte nicht nur kurzfristige, sondern auch langfristige Erfolge erzielen.

Um solche Fehler zu vermeiden, müssen Berater:innen ein tiefes Verständnis für die Unternehmenskultur und die internen Strukturen entwickeln. Dies erfordert sorgfältige Analysen, intensive Gespräche mit Mitarbeitenden auf allen Ebenen und die Fähigkeit, Empfehlungen so zu gestalten, dass sie kulturell und politisch tragfähig sind. Nur durch die Berücksichtigung dieser sensiblen Faktoren können Veränderungen erfolgreich und nachhaltig umgesetzt werden.

Ein weiteres Problem ist die Nichtbeachtung von Feedback. Wenn Berater:innen die Rückmeldungen der Mitarbeitenden und Führungskräfte während des Beratungsprozesses ignorieren, riskieren sie, wichtige Hinweise oder Warnsignale zu übersehen. Dies kann dazu führen, dass die entwickelten Lösungen nicht auf die tatsächlichen Bedürfnisse des Unternehmens abgestimmt sind und ihre Wirksamkeit verlieren. Das Feedback der Betroffenen ist jedoch entscheidend, um sicherzustellen, dass die vorgeschlagenen Maßnahmen realistisch, praktikabel und nachhaltig sind.

Ein weit verbreiteter Fehler in der Beratungsbranche ist das Wecken überzogener Erwartungen. Berater:innen, die zu optimistische Prognosen abgeben oder die Komplexität eines Projekts unterschätzen, setzen das Vorhaben und sich selbst unter unnötigen Druck. Wenn die versprochenen Ergebnisse nicht erreicht werden, leidet nicht nur die Glaubwürdigkeit des Beraters, sondern auch das Vertrauen in das gesamte Projekt. Dies kann zu Frustration bei den Kunden und zu einer Ablehnung zukünftiger Maßnahmen führen. Ebenso problematisch ist die Unterschätzung des tatsächlichen Aufwands, der für eine erfolgreiche Umsetzung erforderlich ist. Berater:innen, die die zeitlichen oder finanziellen Anforderungen eines Projekts nicht realistisch einschätzen, schaffen unerwartete Herausforderungen. Verzögerungen, Budgetüberschreitungen und nicht erfüllte Ziele können dazu führen, dass das Projekt als Misserfolg wahrgenommen wird, selbst wenn positive Ergebnisse erzielt wurden. Um solche Fehler zu vermeiden, müssen Berater:innen von Anfang an klare, realistische und umsetzbare Ziele formulieren. Es ist essenziell, die Komplexität eines Projekts ehrlich zu bewerten und die Kunden über mögliche Risiken, Herausforderungen und den erwarteten Aufwand aufzuklären. Eine transparente und ehrliche Kommunikation schafft eine solide Grundlage für eine vertrauensvolle Zusammenarbeit und ermöglicht es, die Erwartungen realistisch zu managen, wodurch die Erfolgsaussichten des Projekts steigen.

Ein häufig kritisierter Fehler von Berater:innen ist der kurzfristige Fokus auf schnelle Ergebnisse, ohne die langfristige Nachhaltigkeit der vorgeschlagenen Lösungen zu berücksichtigen. Maßnahmen, die primär auf kurzfristige Erfolge abzielen, können zwar initial beeindruckende Ergebnisse liefern, doch ohne eine strategische Verankerung verlieren sie oft schnell ihre Wirkung. Dies führt dazu, dass Unternehmen nach Abschluss des Beratungsprojekts wieder in alte Muster zurückfallen und die erzielten Fortschritte nicht dauerhaft bestehen bleiben. Ein weiterer Aspekt ist die fehlende Implementierungsbegleitung. Berater:innen, die sich darauf beschränken, Konzepte und Strategien zu entwickeln, ohne die Umsetzung aktiv zu begleiten, riskieren, dass ihre Vorschläge nicht erfolgreich realisiert werden. Die Herausforderungen der Implementierung – wie Widerstände, unvorhergesehene Probleme oder die Notwendigkeit von Anpassungen – können ohne die Unterstützung durch erfahrene Berater:innen dazu führen, dass selbst gute Strategien scheitern. Nachhaltige Beratung erfordert daher eine Balance zwischen kurzfristigen Ergebnissen und langfristiger Wirkung. Berater:innen sollten nicht nur tragfähige Lösungen entwickeln, sondern auch eng mit dem Unternehmen zusammenarbeiten, um sicherzustellen, dass die Maßnahmen effektiv umgesetzt und dauerhaft verankert werden. Eine fortlaufende Unterstützung während der Implementierungsphase und die Förderung interner Kompetenzen sind entscheidend, um den Erfolg eines Beratungsprojekts langfristig zu sichern.

Die zu starke Fokussierung auf Datenanalyse kann schnell zu einem Fehler ausarten, wenn hierdurch qualitative und menschliche Aspekte vernachlässigt werden. Obwohl die Analyse quantitativer Daten ein essenzieller Bestandteil moderner Beratungsprojekte ist, können Berater:innen, die sich ausschließlich darauf verlassen, wichtige Einblicke in die Unternehmenskultur, Mitarbeitendenmotivation oder zwischenmenschliche Dynamiken übersehen. Solche nicht greifbaren, aber entscheidenden Faktoren sind jedoch oft ausschlaggebend für den Erfolg von Veränderungsprozessen. Eine Organisation kann noch so viele datenbasierte Strategien entwickeln, wenn die emotionalen Bedürfnisse der Mitarbeitenden oder die Dynamik innerhalb der Führungsebene nicht ausreichend berücksichtigt werden, können Veränderungen schnell scheitern. Die Berücksichtigung der menschlichen Dimension ist daher entscheidend, um die Akzeptanz und das Engagement der Mitarbeitenden zu fördern und nachhaltige Veränderungen zu ermöglichen.

Ein weiteres Problem ist die ungeplante Einführung von unnötiger Komplexität durch Tools und Systeme. Berater:innen, die auf hochentwickelte oder spezialisierte Tools setzen, ohne deren praktische Anwendbarkeit für die Organisation ausreichend zu prüfen, riskieren damit, die Belegschaft zu überfordern. Diese Komplexität kann den eigentlichen Change-Prozess verlangsamen, Verwirrung stiften oder sogar Widerstand innerhalb der Organisation hervorrufen. Wenn die Mitarbeitenden das Gefühl haben, dass neue Technologien oder Systeme mehr Verwirrung als Klarheit bringen, können sie die Veränderungsmaßnahmen als zusätzlichen Stressfaktor empfinden, anstatt als Fortschritt. Es ist daher wichtig, dass Berater:innen sicherstellen, dass eingesetzte Tools sowohl effektiv als auch benutzerfreundlich sind und dass die Mitarbeitenden in ihrer Anwendung geschult werden. Ein gutes Change Management berücksichtigt die Balance zwischen technologischer Innovation und praktischer Anwendbarkeit, um eine reibungslose und erfolgreiche Umsetzung zu gewährleisten.

Um diese Fehler zu vermeiden, müssen Berater:innen ihre Ansätze sorgfältig auf die jeweiligen Bedürfnisse ihrer Kunden abstimmen, transparent und offen kommunizieren und die Perspektiven und Bedenken der Mitarbeitenden aktiv einbeziehen. Sie sollten die Bedeutung der Unternehmenskultur erkennen, flexibel auf Veränderungen reagieren und die langfristige Nachhaltigkeit der empfohlenen Lösungen sicherstellen. Nur durch eine kontinuierliche und enge Zusammenarbeit mit allen Beteiligten kann Change Management zu einem langfristigen Erfolg werden, der nicht nur kurzfristige Ergebnisse liefert, sondern die Organisation nachhaltig stärkt.

Herausforderungen für Auftraggeber:innen

Die Rolle von Führungskräften und Auftraggeber:innen in Beratungsprozessen ist entscheidend für den Erfolg von Veränderungsinitiativen. Sie sind nicht nur die Initiatoren und Entscheidungsträger, sondern spielen auch eine zentrale Rolle bei der Umsetzung von empfohlenen Maßnahmen. Ihre Haltung, Kommunikation und aktives Engagement können den gesamten Beratungsprozess maßgeblich beeinflussen. Eine enge Zusammenarbeit mit Berater:innen, klare Zieldefinitionen und die Förderung einer positiven Veränderungskultur sind unerlässlich, um nachhaltige Ergebnisse zu erzielen. In diesem Kontext werden die spezifischen Aufgaben und Verantwortlichkeiten von Führungskräften und Auftraggeber:innen beleuchtet, um ihre Schlüsselrolle in erfolgreichen Beratungsprojekten zu verdeutlichen.

Führungskräfte und Auftraggeber:innen spielen eine zentrale Rolle bei Erfolg oder Misserfolg von Beratungsprojekten. Es gibt es mehrere kritische Punkte, die nicht nur die Ergebnisse der Beratung gefährden, sondern auch den Ruf der Berater:innen belasten. Ein häufiger Fehler besteht darin, dass Führungskräfte und Auftraggeber:innen Beratung beauftragen, ohne eine klare Vorstellung von den langfristigen Folgen oder Ergebnissen zu haben. Dies kann dazu führen, dass Beratungsprojekte ohne klare Zielsetzungen oder messbare Ergebnisse durchgeführt werden, was den Erfolg der Initiative und das Vertrauen in die Berater:innen schwächt. In einigen Fällen werden Berater:innen sogar nur beauftragt, um unpopuläre Rationalisierungen oder kostensparende Maßnahmen zu legitimieren, die intern nur schwer durchsetzbar wären. Diese Praxis kann den Eindruck erwecken, dass die Berater:innen lediglich als Alibi dienen, statt echte, nachhaltige Veränderungen zu initiieren. Ein weiteres Problem ist, dass Führungskräfte und Auftraggeber:innen oft zu schnellen Entscheidungen greifen, ohne den wirklichen kulturellen Kontext der Organisation zu berücksichtigen oder eine ganzheitliche Sicht auf die Herausforderungen zu entwickeln. Das kann dazu führen, dass Berater:innen mit Lösungen beauftragt werden, die entweder nicht zur bestehenden Unternehmenskultur passen oder die Bedürfnisse der Mitarbeitenden ignorieren. Dies führt nicht nur zu Widerstand gegen die Veränderungen, sondern auch zu einer mangelnden Akzeptanz und letztlich zu einer oberflächlichen Implementierung. Auch die fehlende Unterstützung seitens der Führungskräfte während der Umsetzung von Veränderungsprozessen ist ein häufiger Fehler. Berater:innen können mit brillanten Konzepten und Lösungen kommen, aber ohne die aktive Unterstützung und das Engagement des Top-Managements fehlt es häufig an der nötigen Verbindlichkeit und Resonanz, die für eine erfolgreiche Umsetzung erforderlich sind. Führungskräfte und Auftraggeber:innen sollten daher sicherstellen, dass ihre Zusammenarbeit mit Beratern nicht nur auf kurzfristigen Ergebnissen basiert, sondern dass sie eine langfristige Perspektive einnehmen und kulturelle sowie strukturelle Faktoren berücksichtigen, die für den nachhaltigen Erfolg der Veränderungen entscheidend sind. Ein klarer Fokus auf die menschlichen und sozialen Dimensionen von Veränderungen und eine transparente Kommunikation der Ziele und Erwartungen sind entscheidend, um die Beraterarbeit langfristig erfolgreich und glaubwürdig zu gestalten.

Instrumentalisierung der Berater:innen

Die Instrumentalisierung von Berater:innen ist ein häufiges Phänomen, das den Erfolg von Beratungsprojekten erheblich beeinträchtigen kann. In einigen Fällen beauftragen Führungskräfte Berater:innen lediglich, um unpopuläre Maßnahmen wie Rationalisierungen oder Personalabbau zu legitimieren. Dies geschieht oft, weil die Führungskräfte nicht bereit oder in der Lage sind, solche Entscheidungen selbst zu kommunizieren oder durchzusetzen. Stattdessen werden die Berater:innen als Alibi genutzt, um Verantwortung abzugeben und die Schuld für schwierige, aber notwendige Entscheidungen abzuwälzen. Diese Praxis hat weitreichende negative Auswirkungen. Sie kann nicht nur das Vertrauen in das Beratungsprojekt untergraben, sondern auch das Vertrauen der Mitarbeitenden und der Öffentlichkeit in die Führungskräfte selbst erschüttern. Wenn Berater:innen in einer solchen Rolle agieren, verlieren sie schnell ihre Unabhängigkeit und objektive Perspektive. Statt als kompetente Berater:innen wahrgenommen zu werden, werden sie zu Werkzeugen in einem politischen Spiel, das die eigentlichen Ziele der Beratung verwässert. Die Glaubwürdigkeit der Berater:innen wird dadurch erheblich beschädigt, weil ihre Empfehlungen und Lösungen nun unter dem Verdacht stehen, nur als Rechtfertigung für bereits getroffene, oftmals unpopuläre Entscheidungen zu dienen. Außerdem wird durch diese Instrumentalisierung der langfristige Erfolg des Veränderungsprozesses gefährdet. Wenn Berater:innen lediglich als Mittel zum Zweck eingesetzt werden, ohne echte Beteiligung an der strategischen Planung oder Umsetzung, bleibt der Veränderungsprozess oberflächlich und die Auswirkungen sind kurzfristig. Dies führt zu einer Kultur des Misstrauens, sowohl zwischen den Mitarbeitenden und der Führungsebene als auch zwischen den Beratungsunternehmen und den Organisationen, mit denen sie zusammenarbeiten. Letztlich zeigt sich, dass die wahre Stärke eines Beratungsprojekts in einer ehrlichen und transparenten Zusammenarbeit liegt, bei der die Verantwortung nicht delegiert, sondern gemeinsam getragen wird. Nur wenn Berater:innen wirklich in den Veränderungsprozess eingebunden sind und Führungskräfte bereit sind, auch unangenehme Entscheidungen selbst zu treffen und zu kommunizieren, kann ein nachhaltiger und erfolgreicher Wandel erreicht werden.

Fehlende Klarheit in den Zielen

Fehlende Klarheit in den Zielen ist ein häufiger Fehler, der den Erfolg von Beratungsprojekten erheblich gefährden kann. Wenn Führungskräfte keine klaren, messbaren Ziele definieren oder diese im Verlauf eines Projekts ändern, ist am Ende unklar, was genau erreicht werden soll. Diese Unsicherheit führt dazu, dass Berater möglicherweise in verschiedene Richtungen arbeiten oder auf Annahmen basierende Entscheidungen treffen, die nicht im Einklang mit den tatsächlichen Bedürfnissen der Organisation stehen. Ein solcher Mangel an klaren Zielen kann dazu führen, dass das Projekt in die falsche Richtung gelenkt wird, was nicht nur zu suboptimalen Ergebnissen führt, sondern auch das Vertrauen in die Beratung und die Führungsebene untergräbt. Wenn die Erwartungen während des Projekts unklar bleiben oder sich ständig ändern, können Berater:innen Schwierigkeiten haben, den Erfolg zu messen und anzupassen, was die Effektivität ihrer Lösungen beeinträchtigt. Die Mitarbeitenden und die Führung selbst verlieren dann oft den Überblick über die angestrebten Ergebnisse und sind unsicher, welche Veränderungen tatsächlich umgesetzt werden sollen. Die Konsequenz dieser Unklarheit ist ein ineffizienter Einsatz von Ressourcen, da sowohl Zeit als auch finanzielle Mittel für Aktivitäten aufgewendet werden, die nicht zielgerichtet sind. Ohne eine eindeutige Zielsetzung wird es schwierig, Fortschritte zu messen, und es fehlt an einer klaren Vision, die alle Beteiligten motiviert und auf dasselbe Ziel ausrichtet. Daher ist es entscheidend, dass Führungskräfte von Anfang an klare, messbare Ziele definieren, die gemeinsam mit den Beratern:innen erarbeitet werden. Diese Ziele sollten während des gesamten Projekts überprüft und gegebenenfalls angepasst werden, jedoch stets in enger Abstimmung und mit einer klaren Kommunikation, um sicherzustellen, dass das Beratungsprojekt auf Kurs bleibt und die gewünschten Ergebnisse erzielt werden.

Unrealistische Erwartungen

Wenn Führungskräfte oder Auftraggeber:innen überzogene Erwartungen in Bezug auf Zeitrahmen, Kosten oder die erwarteten Ergebnisse haben, kann dies dazu führen, dass sowohl die Berater:innen als auch die Organisation unter enormem Druck stehen. Oftmals führt dies zu einer Überlastung der Berater:innen, die gezwungen sind, in einem unrealistisch kurzen Zeitraum Ergebnisse zu liefern, die die Komplexität des Projekts nicht widerspiegeln. Ein solcher Druck führt nicht nur zu suboptimalen Ergebnissen, sondern kann auch das Vertrauen zwischen den Beratern:innen und den Kunden gefährden. Wenn die tatsächlichen Ergebnisse hinter den überhöhten Erwartungen zurückbleiben, entsteht Enttäuschung auf beiden

Seiten. Die Berater haben möglicherweise nicht genügend Zeit oder Ressourcen, um die Qualität ihrer Arbeit zu gewährleisten, während die Führungskräfte das Gefühl haben könnten, dass das Projekt nicht die gewünschten Ergebnisse liefert. Dies kann zu Frustration und einem Mangel an Vertrauen in die Kompetenz der Berater führen. Unrealistische Erwartungen betreffen nicht nur den unmittelbaren Erfolg des Projekts, sondern auch die langfristige Beziehung zwischen Beratern und Kunden. Wenn in einem ersten Projekt zu hohe Erwartungen gesetzt werden und diese nicht erfüllt werden, kann das zukünftige Potenzial für eine langfristige Zusammenarbeit beeinträchtigt werden. Ebenso kann dies den Ruf der Berater:innen und ihre Möglichkeit, künftige Projekte zu sichern, schädigen.

Fehlende Einbindung der Mitarbeitenden

Ein häufiger Fehler im Change Management entsteht aus dem Top-down-Ansatz ohne ausreichende Einbindung der mittleren Managementebene und der Mitarbeitenden. Führungskräfte planen und steuern Beratungsprojekte und Veränderungsprozesse häufig auf oberster Ebene, ohne die Betroffenen in den Prozess einzubeziehen. Dies führt nicht nur zu Widerstand, sondern auch zu einer mangelnden Akzeptanz der vorgeschlagenen Veränderungen. Die Mitarbeitenden sind diejenigen, die die Veränderungen letztlich umsetzen müssen. Ihre aktive Beteiligung ist von Anfang an entscheidend für den Erfolg eines Change-Projekts. Wenn die Belegschaft nicht in den Prozess eingebunden wird, kann dies das Gefühl der Entfremdung und Ohnmacht verstärken. Mitarbeitende fühlen sich oft übergangen und nicht wertgeschätzt, was zu Widerstand führen kann, insbesondere wenn sie die Veränderungen als außerhalb ihrer Kontrolle oder ohne ausreichende Berücksichtigung ihrer Perspektiven wahrnehmen. Ein weiterer Aspekt dieses Fehlens an Einbindung ist die mittlere Managementebene, die als Brücke zwischen der Führungsebene und den Mitarbeitenden fungiert. Wenn diese Ebene nicht aktiv in den Prozess eingebunden wird, können wichtige Bedenken der Zwischenebenen übersehen werden. Das mittlere Management ist oft am nächsten an den Mitarbeitenden und kennt deren Sorgen und Herausforderungen. Eine mangelnde Kommunikation und Einbeziehung dieser Ebene führt dazu, dass wichtige Informationen und Perspektiven nicht in den Change-Prozess einfließen, was das Risiko erhöht, dass Veränderungen ineffektiv oder ineffizient umgesetzt werden. Eine effektive Einbindung der Belegschaft und des mittleren Managements ist daher von entscheidender Bedeutung. Führungskräfte sollten den Change-Prozess nicht nur als eine Top-down-Initiative betrachten, sondern als einen kooperativen Prozess, bei dem alle Ebenen der Organisation aktiv eingebunden werden. Dies stärkt nicht nur das Engagement und die Akzeptanz der Veränderungen, sondern sorgt auch dafür, dass die Lösungen praktischer und besser auf die Bedürfnisse der Organisation abgestimmt sind. Eine solche Herangehensweise fördert ein gemeinsames Verantwortungsgefühl und trägt wesentlich zum langfristigen Erfolg des Veränderungsprozesses bei.

Kommunikationsfehler

Fehlende Kommunikation ist ein häufiges Problem, das den Erfolg von Beratungsprojekten erheblich gefährden kann. Wenn die Ziele, der Fortschritt und die Ergebnisse eines Beratungsprojekts unzureichend kommuniziert werden, entsteht bei den Beteiligten Unsicherheit und Missverständnisse. Führungskräfte müssen sicherstellen, dass nicht nur die oberste Führungsebene, sondern alle relevanten Parteien – vom mittleren Management bis hin zu den Mitarbeitenden – über die Gründe für die Beratung und die erwarteten Ergebnisse informiert sind. Wenn diese Informationen fehlen oder nur unzureichend geteilt werden, kann dies zu Verwirrung und Widerstand führen. Mitarbeitende und Führungskräfte auf verschiedenen Ebenen haben dann möglicherweise unterschiedliche Erwartungen an das Projekt oder verstehen nicht, warum bestimmte Veränderungen notwendig sind. Besonders problematisch wird dies, wenn die tatsächlichen Ziele des Projekts nicht klar definiert werden, was zu einer Fehlinterpretation der Maßnahmen und zu einer mangelnden

Akzeptanz führen kann. Ein weiterer negativer Effekt ist, dass Fortschritte oder Ergebnisse des Projekts nicht regelmäßig überprüft und kommuniziert werden. Ohne regelmäßige Updates und transparente Informationen über den Stand des Projekts entsteht die Gefahr, dass Unklarheiten und Sorgen aufkommen, die im Laufe der Zeit zu Frustration und Missmut führen können. In der Folge werden Mitarbeitende und Führungskräfte möglicherweise weniger motiviert sein, die Veränderungen zu unterstützen oder sich aktiv daran zu beteiligen. Eine offene, kontinuierliche und klare Kommunikation ist daher entscheidend. Führungskräfte müssen sicherstellen, dass alle Beteiligten über die Ziele, den Fortschritt und die Ergebnisse des Beratungsprojekts gut informiert sind. Transparente Kommunikation fördert das Vertrauen, minimiert Missverständnisse und stellt sicher, dass die Mitarbeitenden das Projekt als eine kollektive Anstrengung und nicht als von oben auferlegte Veränderung wahrnehmen. Nur so können Widerstände minimiert und die Akzeptanz für das Beratungsprojekt erhöht werden.

Fokus auf kurzfristigen Zielen

Ein häufiger Fehler von Führungskräften ist der Fokus auf kurzfristige Ziele und Gewinne bei der Initiierung von Beratungsprojekten, ohne dabei die langfristige Nachhaltigkeit der Maßnahmen zu berücksichtigen. Wenn die Führungsebene Beratungsprojekte hauptsächlich als Mittel zur schnellen Problemlösung oder Kostensenkung betrachtet, ohne sich Gedanken über die langfristigen Auswirkungen und die dauerhafte Integration der Veränderungen zu machen, besteht die Gefahr, dass die erzielten Fortschritte nach Abschluss des Projekts wieder verloren gehen. Solche kurzfristigen Ansätze können dazu führen, dass Veränderungen lediglich oberflächlich implementiert werden, ohne tiefgreifende Anpassungen an der Unternehmensstruktur, Kultur oder den Arbeitsprozessen vorzunehmen. Ohne eine kontinuierliche Begleitung und Integration der Maßnahmen in den Unternehmensalltag können die erzielten Ergebnisse schnell verpuffen, und das Unternehmen profitiert letztlich nicht nachhaltig von den Veränderungen. Dieser Fokus auf schnelle Ergebnisse statt auf langfristige Transformationen kann das Vertrauen in die Führungsebene untergraben. Wenn Mitarbeitende und Führungskräfte feststellen, dass Veränderungen nicht weiterverfolgt werden oder die Bemühungen nicht fortgesetzt werden, verliert das Unternehmen nicht nur die erreichten Fortschritte, sondern auch das Engagement der Belegschaft. In solchen Fällen wird Change Management als vorübergehende Maßnahme und nicht als ganzheitlicher, langfristiger Prozess wahrgenommen.

Vernachlässigung der Unternehmenskultur

Führungskräfte, die sich ausschließlich auf Effizienz und Rationalisierung konzentrieren und dabei den kulturellen Aspekt des Unternehmens ignorieren, riskieren, dass die Veränderungen nur oberflächlich umgesetzt werden und nicht nachhaltig im Unternehmen verankert sind. Wenn der menschliche Faktor und die Unternehmenskultur nicht in die Veränderungsstrategie integriert werden, kann dies zu Widerständen führen, da Mitarbeitende das Gefühl haben, dass ihre Werte, Normen und Arbeitsweisen nicht berücksichtigt werden. Eine solche Missachtung der Unternehmenskultur schafft nicht nur Unzufriedenheit, sondern kann auch eine toxische Arbeitsumgebung fördern. Mitarbeitende fühlen sich möglicherweise entmachtet oder nicht ernst genommen, was zu Frustration, Fehlkommunikation und mangelnder Motivation führen kann. Wenn die Kultur eines Unternehmens nicht mit den geplanten Veränderungen in Einklang gebracht wird, verstärken sich oft Spannungen zwischen den Mitarbeitenden und der Führungsebene, und die Veränderungen werden als von außen auferlegt wahrgenommen. Veränderungsprozesse, die die Unternehmenskultur berücksichtigen, setzen auf Mitgestaltung und Partizipation der Mitarbeitenden. Führungskräfte sollten die kulturellen Werte und Traditionen des Unternehmens verstehen, respektieren und sicherstellen, dass die Veränderungen mit den Werten und Überzeugungen der Belegschaft in Einklang stehen. Eine kulturell sensible Herangehensweise fördert nicht nur die Akzeptanz, sondern auch das Engagement und die Zufriedenheit der Mitarbeitenden. Die Integration der Unternehmenskultur in den Veränderungsprozess ist entscheidend, um eine langfristig erfolgreiche Transformation zu gewährleisten, bei der die Mitarbeitenden nicht nur die Veränderungen umsetzen, sondern auch aktiv zu ihrer Gestaltung und Verankerung beitragen.

Mangelnde Unterstützung durch das Top-Management

Führungskräfte, die nicht voll hinter dem Beratungsprojekt stehen oder sich nur halbherzig einbringen, senden negative Signale an die gesamte Organisation. Wenn die Führungsebene nicht mit vollem Engagement und Überzeugung hinter dem Projekt steht, entsteht bei den Mitarbeitenden der Eindruck, dass das Vorhaben nicht wirklich wichtig oder notwendig ist. Dies führt dazu, dass die Mitarbeitenden das Projekt ebenfalls nur halbherzig unterstützen und es ganz allgemein an Verbindlichkeit und Motivation fehlt. Ein Beratungsprojekt kann nur dann erfolgreich sein, wenn das Top-Management als Vorbild fungiert und aktiv in den Prozess eingebunden ist. Ohne das volle Commitment der Führungskräfte fehlt es dem Projekt an Ressourcen, Engagement und Führungskompetenz, die notwendig sind, um es voranzutreiben. Wenn das Management selbst Zweifel an der Notwendigkeit oder dem Nutzen des Beratungsprojekts hat, wird es schwierig, das Vertrauen und die Unterstützung der Mitarbeitenden zu gewinnen. Die Mitarbeitenden neigen dazu, sich dem Change-Prozess zu entziehen oder ihn zu blockieren, wenn sie den Eindruck haben, dass die Führung nicht wirklich hinter den Veränderungen steht. Zögerlichkeit oder Inaktivität seitens des Top-Managements schaffen eine Atmosphäre der Unsicherheit und des Misstrauens, die den Veränderungsprozess schnell ins Stocken bringen kann. Das Engagement der Führungsebene ist entscheidend, um den Change-Prozess zu legitimieren, ihm Kraft zu verleihen und die nötige Ressourcenallokation sicherzustellen. Nur so kann das Beratungsprojekt das nötige Momentum gewinnen und die Mitarbeitenden motivieren, sich aktiv zu engagieren. Ein klares, entschlossenes Commitment des Top-Managements ist daher unerlässlich, um ein Beratungsprojekt erfolgreich umzusetzen und sicherzustellen, dass es langfristig Wirkung zeigt.

Ignorieren der Beraterempfehlungen

Es kommt vor, dass Führungskräfte Berater:innen beauftragen, um eine externe Perspektive zu erhalten und Lösungen für bestehende Herausforderungen zu finden, jedoch die empfohlenen Maßnahmen ablehnen, wenn diese nicht mit ihren eigenen Vorstellungen oder strategischen Zielen übereinstimmen. Dies führt nicht nur dazu, dass das Beratungsprojekt scheitert, sondern kann auch eine erhebliche Verschwendung von Ressourcen zur Folge. Wenn Berater:innen empfohlen haben, bestimmte Veränderungen vorzunehmen oder bestimmte Strategien zu verfolgen, und diese dann von der Führungsebene nicht umgesetzt werden, verlieren die Mitarbeitenden möglicherweise das Vertrauen in das Projekt und in die Führung. Sie sehen das Projekt dann als Feigenblatt oder Bürokratie an und verlieren das Vertrauen in den Wert externer Beratung. Dieser Widerstand kann nicht nur den Erfolg des aktuellen Projekts gefährden, sondern auch die Beziehung zu künftigen Beratern:innen und Beratungsfirmen belasten. Ein solcher Widerspruch zwischen den beauftragten Empfehlungen und der tatsächlichen Umsetzung zeigt ein mangelndes Engagement für den Change-Prozess und signalisiert den Mitarbeitenden, dass Veränderungen entweder nicht ernst genommen oder nicht wirklich gewollt sind. Dies führt zu einer Atmosphäre der Unentschlossenheit und kann die Mitarbeitenden entmutigen, sich aktiv in den Prozess einzubringen. Um diese Fallstricke zu vermeiden, ist es wichtig, dass Führungskräfte nicht nur offen für externe Empfehlungen sind, sondern auch eine klare Vorstellung davon haben, warum sie Berater:innen hinzuziehen und wie deren Vorschläge in die langfristige Strategie des Unternehmens integriert werden können. Wenn Empfehlungen von Beratern:innen jedoch abgelehnt werden, sollten die Gründe dafür offen und transparent kommuniziert werden, um Missverständnisse und Widerstände zu minimieren und den Change-Prozess weiterhin zielgerichtet voranzutreiben.

Auswahl von Berater:innen
nach Prestige statt nach Passgenauigkeit

Führungskräfte entscheiden sich oft für Beratungsunternehmen mit einem renommierten Namen oder einer starken Reputation, ohne dabei ausreichend zu prüfen, ob diese wirklich zu der Unternehmenskultur und den spezifischen Bedürfnissen des Unternehmens passen. Ein Beratungsunternehmen, das bei einem anderen Unternehmen erfolgreich war, findet nicht zwangsläufig die richtigen Lösungen für die eigene Organisation. Die Wahl eines Beratungsunternehmens sollte nicht nur auf dessen Markenimage oder vorherigen Erfolgen beruhen, sondern vor allem darauf, wie gut seine Methoden, Erfahrungen und Philosophien zur kulturellen Ausrichtung und den strategischen Zielen des eigenen Unternehmens passen. Berater:innen, die beispielsweise in einem stark hierarchischen Umfeld erfolgreich waren, könnten Schwierigkeiten haben, in einem Unternehmen zu arbeiten, das eine flache Hierarchie oder eine sehr kooperative Unternehmenskultur hat. Wenn Führungskräfte zu sehr auf das Prestige eines Beratungsunternehmens setzen und nicht genug auf die tatsächliche Passgenauigkeit achten, riskieren sie, dass die empfohlenen Veränderungen oder Ansätze nicht in die bestehende Kultur integriert werden können. Dies kann zu Widerständen führen und den Erfolg des Projekts gefährden, da die Mitarbeitenden möglicherweise Schwierigkeiten haben, die vorgeschlagenen Methoden und Lösungen zu akzeptieren. Die Auswahl der richtigen Berater:innen sollte daher auf einer gründlichen Analyse der Unternehmensbedürfnisse und der Kultur basieren. Das Beratungsunternehmen sollte nicht nur über fachliche Expertise verfügen, sondern auch in der Lage sein, sich mit der Unternehmenskultur auseinanderzusetzen und Lösungen anzubieten, die zu den bestehenden Strukturen und Werten passen. Berater:innen, die diese Passgenauigkeit berücksichtigen, können langfristig dazu beitragen, nachhaltige Veränderungen zu bewirken und das Vertrauen der Mitarbeitenden zu gewinnen.

Mangelnde Kompatibilität

Wenn Führungskräfte oder Unternehmen nicht ausreichend sicherstellen, dass Berater:innen mit den internen Prozessen, der Unternehmenskultur und den bestehenden Arbeitsweisen harmonieren, können unterschiedliche Vorstellungen über den Ablauf und die Umsetzung des Projekts zu Konflikten und Ineffizienzen führen. Berater:innen bringen ihre jeweils eigenen Arbeitsmethoden und Vorgehensweisen mit, die nicht immer nahtlos mit denen der Organisation übereinstimmen. Diese Diskrepanz kann zu Missverständnissen und Frustration führen, insbesondere wenn Berater:innen von externen, standardisierten Prozessen ausgehen, während die Organisation in ihrer eigenen Arbeitsweise und Struktur bereits spezifische, oft tief verwurzelte Praktiken hat. Wenn diese Unterschiede nicht frühzeitig erkannt und adressiert werden, können zögerliche Umsetzung oder verzögerte Entscheidungen die Produktivität des gesamten Projekts beeinträchtigen.

Darüber hinaus kann eine fehlende Kompatibilität dazu führen, dass sich die Mitarbeitenden des Unternehmens den Veränderungsprozess als „von außen aufgezwungen" empfinden. Dies kann die Akzeptanz und das Engagement der Mitarbeitenden stark verringern und die Wirksamkeit der Beratung erheblich mindern. Um diese Fehler zu vermeiden, sollten Führungskräfte bei der Auswahl von Berater:innen sicherstellen, dass die Methodik der Berater:innen mit den Zielen und Arbeitsweisen der Organisation übereinstimmen. Die Berater:innen sollten nicht nur fachlich kompetent sein, sondern auch in der Lage, ihre jeweiligen Methoden und Arbeitsweise flexibel an die kulturellen und operativen Gegebenheiten der Organisation anzupassen. Eine sorgfältige Prüfung dieser Kompatibilität trägt dazu bei, dass das Projekt reibungslos verläuft und die gewünschten Veränderungen erfolgreich umgesetzt werden können.

Führungskräfte und Auftraggeber:innen spielen eine entscheidende Rolle im Erfolg von Beratungsprojekten. Ihre Handlungen und
Entscheidungen beeinflussen maßgeblich den Verlauf und das Er-
gebnis von Veränderungsprozessen. Fehler wie die Instrumentalisierung von Berater:innen, unklare Zielsetzungen, mangelnde Einbindung der Belegschaft und eine kurzfristige Denkweise können den
Erfolg eines Projekts erheblich gefährden. Damit Beratungsprojekte
tatsächlich zu einem Erfolg führen, ist es entscheidend, dass Führungskräfte klare Ziele definieren, die Belegschaft aktiv einbinden,
eine langfristige Perspektive einnehmen und voll hinter dem Projekt
stehen. Nur wenn diese Grundvoraussetzungen erfüllt sind, können
die vorgeschlagenen Veränderungen nachhaltig umgesetzt und die
gewünschten Ergebnisse erzielt werden.

Wenn Führungskräfte selbst in die Beraterrolle schlüpfen, erkennen
sie möglicherweise die Wertigkeit der Beratung, die sie vorher nicht
vollständig anerkannt haben. Beratung bietet nicht nur Lösungen
für komplexe Probleme, sondern auch die Möglichkeit, neue Perspektiven zu gewinnen und den Wandel in Organisationen effektiv zu gestalten. Es bleibt jedoch eine interessante und auch etwas
ironische Wendung, dass diejenigen, die einst die Beratungsbranche ablehnten, letztlich selbst zu Akteuren dieser Branche werden.
Diese Entwicklung unterstreicht die Vielschichtigkeit des Beratungs-
berufs und die unterschiedlichen Perspektiven, die je nach Kontext
und Rolle eingenommen werden. Sie zeigt auch, dass die Perspektive auf Beratung nicht starr ist, sondern sich im Laufe der Zeit verändern kann – je nach den Erfahrungen und der Position, die eine
Person in einer Organisation einnimmt. Die bisherigen Erkenntnisse
in diesem Band beeinflussen die Berater:innen stark. Sie leiten aus
den Trends, den Herausforderungen, den Kritiken und aus den Fehlern Konsequenzen ab. Schauen wir uns diese Entwicklungen in der
Consultingszene an.

5 Aktuelle Entwicklung der Consultingbranche

Laut einer Analyse von McKinsey & Company (2020) verändert die fortschreitende Digitalisierung und Automatisierung den Beratungsmarkt nachhaltig. Beratungsunternehmen müssen ihre Kompetenzen in Technologien wie KI, maschinellem Lernen und Big-Data-Analysen ausbauen, um wettbewerbsfähig zu bleiben und den Erwartungen ihrer Kunden gerecht zu werden.

Ein weiterer für die Beratungsunternehmen relevanter Trend ist der wachsende Fokus auf nachhaltige Transformationen. Studien wie die von PwC (2020) belegen, dass Unternehmen verstärkt Beratungsdienste im Bereich Nachhaltigkeitsstrategien und Kreislaufwirtschaft nachfragen, um ökologische und soziale Verantwortung zu übernehmen. Beratung, die in diesen Bereichen Expertise bietet, positioniert sich als entscheidender Partner für Organisationen, die langfristig zukunftsfähig bleiben wollen.

Veränderte Kundenerwartungen spielen ebenfalls eine zentrale Rolle. Laut einer Untersuchung von Harvard Business Review (2020) bevorzugen Kunden zunehmend maßgeschneiderte, agile und praxisorientierte Beratungsansätze, die Flexibilität, Co-Creation und Transparenz betonen. Diese Verschiebung erfordert, dass Beratungsunternehmen ihre Dienstleistungen weiter individualisieren und anpassen, um den dynamischen Marktanforderungen gerecht zu werden.

Ein weiterer Einflussfaktor ist die Globalisierung und Regionalisierung. Die wachsende internationale Vernetzung eröffnet neue Geschäftsmöglichkeiten, insbesondere in Schwellenländern wie Asien und Afrika. Gleichzeitig verlangt die zunehmende Regionalisierung nach lokalem Know-how und spezifischen Lösungen, was

Beratungsunternehmen dazu anregt, ihre internationalen Expansionsstrategien zu überdenken und regional verankert zu bleiben (McKinsey & Company, 2020).

Ein zusätzlicher Trend ist die Konsolidierung des Marktes. Laut einer Analyse von Bain & Company (2017) übernehmen größere Beratungsunternehmen zunehmend kleinere, spezialisierte Firmen, um ihre Marktmacht zu vergrößern und sich in Bereichen wie Technologie und Nachhaltigkeit zu positionieren. Diese Entwicklung bietet gleichzeitig Chancen für Nischenberatungen, die sich auf spezialisierte Branchen oder Themen fokussieren.

Schließlich beeinflusst die Pandemie die Arbeitsweise von Berater:innen. Die Etablierung von Remote- und Hybrid-Modellen hat nicht nur die Kostenstruktur verändert, sondern auch die Art und Weise, wie Beratungsdienste erbracht werden. Der Fachkräftemangel stellt eine wachsende Herausforderung dar, weshalb Unternehmen neue Wege finden müssen, um Talente zu gewinnen und zu halten, etwa durch flexible Arbeitsmodelle und gezielte Weiterbildungsprogramme (Deloitte, 2019).

Auch die Unternehmensberatung befindet sich inmitten eines tiefgreifenden Strukturwandels, der die Branche nachhaltig prägt. Technologische Innovationen, insbesondere KI, eröffnen neue Möglichkeiten, verändern aber auch die traditionellen Arbeitsweisen der Beratung. Früher lag der Fokus hauptsächlich auf der Analyse von Daten und der strategischen Planung. Heute verschiebt sich dieser Fokus zunehmend auf die praktische Umsetzung von Lösungen und die Schaffung messbarer Ergebnisse. Kunden erwarten nicht nur theoretische Konzepte, sondern eine aktive und kontinuierliche Begleitung bei der Implementierung von Lösungen, die greifbare und nachhaltige Veränderungen bewirken.

Ein wesentlicher Trend, der diesen Wandel vorantreibt, ist der zunehmende Bedarf an spezialisierten Berater:innen. In einer zunehmend komplexen Geschäftswelt reicht allgemeines Wissen nicht mehr aus, um spezifische Herausforderungen erfolgreich zu bewältigen. Unternehmen suchen gezielt nach Berater:innen, die über tiefgehendes Fachwissen und umfassende praktische Erfahrung in ihrem jeweiligen Bereich verfügen. Dieses spezialisierte Wissen ist entscheidend, um Lösungen zu entwickeln, die den Anforderungen eines dynamischen und sich ständig verändernden Marktes gerecht werden. Gleichzeitig gewinnt Seniorität an Bedeutung. Berater:innen müssen nicht nur fundiertes theoretisches Wissen haben, sondern auch eine nachweisbare Erfolgsbilanz vorweisen können, um das Vertrauen ihrer Kunden zu gewinnen und Veränderungen erfolgreich umzusetzen.

Ein weiterer entscheidender Faktor für den Wandel in der Unternehmensberatung ist der verstärkte Fokus auf Nachhaltigkeit und ESG-Kriterien (Environmental, Social, Governance). Mit der zunehmenden Bedeutung von Nachhaltigkeit – sowohl aus gesellschaftlicher als auch aus regulatorischer Sicht – eröffnen sich für Berater:innen neue Chancen. Unternehmen stehen zunehmend unter Druck, ihre Geschäftsstrategien in Einklang mit den Prinzipien der Nachhaltigkeit und den ESG-Kriterien zu bringen. Beratungsunternehmen, die sich auf diese Themen spezialisieren und ihre Expertise in Bereichen wie nachhaltige Transformation, Kreislaufwirtschaft und Dekarbonisierung einbringen, sind gut positioniert, um Unternehmen bei der Erfüllung regulatorischer Anforderungen und der Entwicklung zukunftsfähiger Geschäftsmodelle zu unterstützen (Kühl, 2018).

Veränderung des Beratungsansatzes

Der klassische Beratungsansatz, die lange Zeit auf theoretischen Konzepten und strategischen Empfehlungen basierte, verändert sich in der heutigen dynamischen Geschäftswelt zunehmend. Kunden erwarten nicht nur die Analyse von Herausforderungen, sondern praxisorientierte Ansätze, die nicht nur Lösungen aufzeigen, sondern auch deren Umsetzung begleiten und messbare Ergebnisse liefern. Laut McKinsey & Company (2020) und PwC (2020) sind insbesondere datengetriebene Lösungen und digitale Transformationsansätze heute unerlässlich, um den Kundenerwartungen gerecht zu werden und gleichzeitig nachhaltige Ergebnisse zu liefern.

Dieser Paradigmenwechsel hat dazu geführt, dass klassische Strategieprojekte, die traditionell das Herzstück der Beratungsarbeit bildeten, deutlich zurückgegangen sind. Stattdessen treten Projekte mit einer stärkeren Umsetzungsorientierung in den Vordergrund, bei denen Berater:innen zunehmend für den Erfolg der Implementierung verantwortlich gemacht werden. Ein solcher Wandel erfordert von Beratungsunternehmen nicht nur tiefere Branchenkenntnisse, sondern auch die Fähigkeit, als enge Partnerinnen auf operativer Ebene zu agieren. Die fortschreitende Digitalisierung hat diesen Wandel zusätzlich vorangetrieben. Unternehmen suchen zunehmend nach Beratungsleistungen, die nicht nur strategische Empfehlungen liefern, sondern die vollständige digitale Transformation von Prozessen, Geschäftsmodellen und Organisationen begleiten. Laut McKinsey (2020) stellt die digitale Transformation eine der größten Herausforderungen für Unternehmen dar, und Berater:innen müssen daher ihre Kompetenzen in digitalen Bereichen ausbauen, um als langfristige Partnerinnen wahrgenommen zu werden.

Ein wesentlicher Bestandteil dieser neuen Beratungsphilosophie ist die kontinuierliche Begleitung der Kunden. Beratende arbeiten nicht mehr nur punktuell, sondern in längeren Projektzyklen, die von der Problemanalyse über die Entwicklung maßgeschneiderter Lösungen bis hin zur Überwachung und Feinjustierung der Implementierung reichen. Dieser Ansatz sorgt dafür, dass die vorgeschlagenen Maßnahmen nachhaltig wirken und in den operativen Alltag integriert werden. In diesem Kontext betonen McKinsey und PwC (2020) die Notwendigkeit, dass Berater:innen nicht nur strategische Konzepte entwickeln, sondern auch konkrete Unterstützung bei der Umsetzung bieten, insbesondere im Bereich der Veränderungsprozesse, um nachhaltigen Erfolg zu gewährleisten.

Zudem steigt die Bedeutung von messbaren Ergebnissen. Kunden erwarten konkrete Nachweise dafür, dass Beratungsleistungen einen Mehrwert schaffen, sei es durch gesteigerte Effizienz, verbesserte Prozesse oder höhere Umsätze. Berater:innen müssen daher nicht nur Lösungen entwickeln, sondern auch die Fähigkeit haben, klare Erfolgskriterien zu definieren und regelmäßig den Fortschritt zu evaluieren. Deloitte (2021) hebt hervor, dass der Fokus auf messbare Ergebnisse und die kontinuierliche Anpassung der Strategie ein wesentlicher Bestandteil erfolgreicher Beratungsprojekte ist.

Dieser Wandel verändert auch die Rollen und Kompetenzen der Berater:innen. Neben strategischen und analytischen Fähigkeiten rücken praktische Umsetzungsfähigkeiten, Change-Management-Kompetenzen und kommunikatives Geschick immer stärker in den Fokus. Laut dem Harvard Business Review (2020) müssen Berater:innen heute nicht nur als Expert:innen für Lösungen auftreten, sondern auch die Fähigkeit besitzen, Teams zu inspirieren, Widerstände zu überwinden und Veränderungen nachhaltig in den Organisationen zu verankern.

Spezialisierung und Fachwissen

In einer Zeit, in der allgemeines Wissen durch die digitale Vernetzung für viele Unternehmen leicht zugänglich ist, gewinnt spezialisiertes Fachwissen in der Beratungsbranche zunehmend an Bedeutung. Dieser Trend zur Spezialisierung entwickelt sich zu einem entscheidenden Wettbewerbsvorteil, da solche Berater:innen bevorzugt werden, die tiefes Branchenwissen und spezifische Expertise mitbringen. Laut einer Studie von PwC (2020) und McKinsey &

Company (2021) sehen Unternehmen spezialisierte Berater:innen als wertvolle Partner, die in der Lage sind, konkrete, auf ihre Bedürfnisse zugeschnittene Lösungen zu entwickeln und zu implementieren.

Unternehmen stehen vor Herausforderungen, die weit über Standardlösungen hinausgehen und spezifische Kenntnisse erfordern, um komplexe Probleme in einem bestimmten Kontext zu lösen. Branchen wie Technologie, Gesundheitswesen, Nachhaltigkeit oder Finanzen profitieren besonders von Expert:innen, die sich nicht nur mit den Eigenheiten der jeweiligen Sektoren auskennen, sondern auch deren Dynamiken und Regulierungsanforderungen verstehen. Laut einer Analyse von BCG (2020) sind insbesondere Beratungsunternehmen gefragt, die in der Lage sind, eine tiefgehende Marktkenntnis und ein fundiertes Verständnis der spezifischen Herausforderungen ihrer Kunden zu liefern.

Zudem zeigt sich, dass viele Unternehmen intern nicht über das nötige Fachwissen verfügen, um solche Herausforderungen eigenständig zu bewältigen. In diesen Fällen suchen sie gezielt nach Berater:innen, die nicht nur Empfehlungen geben, sondern auch durch ihre spezialisierte Perspektive in der Lage sind, konkrete Lösungen zu entwickeln und umzusetzen. Eine Studie von Gallup (2020) belegt, dass Unternehmen zunehmend darauf angewiesen sind, externe Expert:innen hinzuzuziehen, wenn es darum geht, innovative Lösungen zu finden und die Wettbewerbsfähigkeit zu steigern.

Diese Entwicklung führt dazu, dass Beratungsunternehmen ihre Strategien anpassen müssen, um den Bedarf an spezialisierter Expertise zu bedienen. Investitionen in Weiterbildungen, der Aufbau von Kompetenzzentren und die Gewinnung von Fachkräften mit tiefgehender Branchenkenntnis sind zentrale Maßnahmen, um in einem zunehmend wettbewerbsintensiven Markt erfolgreich zu bleiben. McKinsey & Company (2021) hebt hervor, dass Beratungsunternehmen, die in die Spezialisierung ihrer Teams investieren und

Expert:innen mit spezifischen Fähigkeiten an Bord holen, in der Lage sind, differenzierte Dienstleistungen anzubieten, die den Bedürfnissen ihrer Kunden besser gerecht werden.

Der Einfluss der Künstlichen Intelligenz

Ein zentraler Treiber der aktuellen Entwicklungen in der Unternehmensberatung ist der technologische Fortschritt, insbesondere im Bereich der KI. KI revolutioniert nicht nur die Art und Weise, wie Beratungsleistungen erbracht werden, sondern verändert auch die Anforderungen an Berater:innen grundlegend. Laut einer Studie von McKinsey & Company (2020) und PwC (2021) wird der Einsatz von KI in der Unternehmensberatung als Schlüssel zur Effizienzsteigerung und Wettbewerbsfähigkeit betrachtet, da KI eine präzisere und schnellere Entscheidungsfindung ermöglicht.

Routineaufgaben wie Datenanalysen, Marktforschung und Trenderkennung, die traditionell von Junior-Berater:innen ausgeführt wurden, werden zunehmend automatisiert. KI-Systeme sind in der Lage, große Datenmengen in kürzester Zeit zu verarbeiten, Muster zu erkennen und fundierte Empfehlungen zu generieren. Dies wird durch Tools wie maschinelles Lernen und Big-Data-Analysen ermöglicht, die es ermöglichen, tiefere und genauere Einblicke in komplexe Unternehmensdaten zu gewinnen (PwC, 2020). Dadurch bleibt den Berater:innen mehr Zeit, sich auf strategischere und kreativere Aufgaben zu konzentrieren, wie die Entwicklung innovativer Lösungen oder die Begleitung von Kunden bei der Umsetzung komplexer Transformationsprozesse. Dies erhöht den Mehrwert, den sie ihren Kunden in anspruchsvollen Themenfeldern bieten können.

Darüber hinaus verändert KI die Zusammenarbeit zwischen Berater:innen und Kunden. Die Verfügbarkeit von datenbasierten Erkenntnissen durch KI stärkt die Entscheidungsgrundlage, erhöht die Präzision von Empfehlungen und ermöglicht es, Szenarien in Echtzeit zu simulieren. Kunden erwarten zunehmend, dass Berater:innen diese Technologien beherrschen und ihre Expertise mit daten-gestützten Erkenntnissen untermauern können. Eine Studie von McKinsey & Company (2020) zeigt, dass Unternehmen, die KI in ihre Entscheidungsprozesse integrieren, signifikante Vorteile hinsichtlich Effizienz und Präzision erzielen.

Die Digitalisierung verändert nicht nur die Art und Weise, wie Berater:innen arbeiten, sondern auch die Anforderungen an die Mitarbeitenden. Um erfolgreich zu sein, müssen Berater:innen über ein breites Spektrum an digitalen Kompetenzen verfügen, wie z. B. Data Analytics, Programmierkenntnisse und ein Verständnis für neue Technologien. Gleichzeitig ist es wichtig, menschliche Fähigkeiten wie Kreativität, Empathie und Kommunikationsfähigkeit zu fördern.

> „Als Teil der digitalen Transformation haben wir die Art und Weise, wie [wir] arbeiten, verändert. ...Wir haben [unseren Mitarbeitern] neue Tools wie künstliche Intelligenz, robotergestützte Prozessautomatisierung und Tools zur Workflow-Rationalisierung gegeben. Wir sind direkt am Kern der Strategie des Unternehmens und helfen wirklich dabei, den Wandel und die Transformation anzuführen und umzusetzen." Gary Adler, Chief Digital Officer, Minter Ellison (Gartner, 2025, www.gartner.de)

Wir können konstatieren, dass der technologische Fortschritt durch KI eine doppelte Herausforderung darstellt: Einerseits müssen Beratungsunternehmen ihre Geschäftsmodelle anpassen, um die Potenziale von KI optimal zu nutzen. Andererseits sind Berater:innen gefordert, ihre Fähigkeiten kontinuierlich weiterzuentwickeln, um in einem durch Technologie geprägten Umfeld weiterhin relevant zu bleiben. Dieser Wandel eröffnet jedoch auch enorme Chancen, insbesondere für diejenigen, die KI als Werkzeug zur Verbesserung ihrer Beratungsleistung einsetzen und damit einen entscheidenden Wettbewerbsvorteil erzielen. Beratungsunternehmen, die frühzeitig in die Weiterbildung ihrer Berater:innen investieren und ihre technologische Infrastruktur entsprechend anpassen, können sich als Pioniere in der Branche positionieren und langfristig erfolgreich bleiben (Boston Consulting Group, 2021).

Nachhaltigkeit und ESG als Wachstumsfeld in der Unternehmensberatung

Ein entscheidender Trend, der die Beratungsbranche aktuell prägt, ist der bereits erwähnte Fokus auf Nachhaltigkeit und ESG (Environmental, Social, Governance). Die zunehmende gesellschaftliche Bedeutung von Nachhaltigkeit, kombiniert mit immer strengeren regulatorischen Anforderungen, wie der EU-CSR-Direktive, hat das Bewusstsein für nachhaltiges Wirtschaften auf eine neue Ebene gehoben. Unternehmen sind heute mehr denn je gefordert, ihre Geschäftsmodelle und Berichterstattungspraktiken an den Prinzipien der Nachhaltigkeit und ESG-Compliance auszurichten (UN Global Compact, 2021).

Diese Entwicklung eröffnet enorme Wachstumschancen für Beratungsunternehmen, die sich auf Nachhaltigkeit spezialisieren. Sie können Organisationen dabei unterstützen, den Übergang zu nachhaltigen Geschäftsmodellen zu gestalten und die komplexen Anforderungen regulatorischer Vorgaben zu erfüllen. Dies beinhaltet unter anderem die Entwicklung von ESG-Strategien, die Integration nachhaltiger Praktiken in die gesamte Wertschöpfungskette und die Erstellung detaillierter ESG-Berichte, die den aktuellen Standards entsprechen. Laut PwC (2020) wird die Nachfrage nach Nachhaltigkeitsberatung in den kommenden Jahren weiter zunehmen, da Unternehmen zunehmend auf die Umsetzung von ESG-Strategien angewiesen sind, um nicht nur regulatorische Anforderungen zu erfüllen, sondern auch ihren langfristigen Erfolg zu sichern.

Neben der Einhaltung regulatorischer Vorgaben rückt auch der strategische Nutzen von Nachhaltigkeit zunehmend in den Fokus.

Unternehmen, die Nachhaltigkeit erfolgreich in ihre Geschäftsstrategie integrieren, profitieren nicht nur von einer gesteigerten Reputation, sondern können auch neue Marktchancen erschließen, etwa durch innovative Produkte und Dienstleistungen, die den wachsenden Anforderungen von Kunden und Investor:innen gerecht werden (Boston Consulting Group, 2021). Nachhaltigkeit ist somit nicht nur ein Compliance-Thema, sondern auch ein Geschäftstreiber, der Unternehmen hilft, sich als zukunftsfähig zu positionieren und von neuen Markttrends zu profitieren.

Berater:innen mit Expertise in Nachhaltigkeit spielen eine Schlüsselrolle, indem sie Unternehmen nicht nur auf technischer und operativer Ebene begleiten, sondern auch eine nachhaltige Unternehmenskultur fördern. Dies umfasst die Sensibilisierung der Mitarbeitenden, die Anpassung von Führungsmodellen und die Schaffung langfristiger Werte, die sowohl wirtschaftliche als auch ökologische und soziale Ziele berücksichtigen. Laut einer Studie von McKinsey & Company (2020) haben Unternehmen, die Nachhaltigkeit tief in ihrer Unternehmenskultur verankern, einen Wettbewerbsvorteil in Bezug auf Innovationskraft und Mitarbeitendenbindung.

Die steigende Nachfrage nach ESG-Beratungsleistungen spiegelt sich auch in der Branchenentwicklung wider. Unternehmen suchen zunehmend nach Partnerinnen, die ihnen nicht nur helfen, die regulatorischen Anforderungen zu erfüllen, sondern auch ihre Wettbewerbsfähigkeit in einer sich schnell verändernden Wirtschaft zu sichern. Für Beratungsunternehmen, die in der Lage sind, fundiertes Fachwissen mit einem tiefen Verständnis für nachhaltige Strategien zu kombinieren, bietet dieser Trend die Chance, sich als unverzichtbare Partnerinnen für zukunftsorientierte Unternehmen zu positionieren (Deloitte, 2021).

Die wachsende Bedeutung von Seniorität
und Erfahrung in der Beratung

Die zunehmende Komplexität von Beratungsprojekten und der verstärkte Fokus auf deren erfolgreiche Umsetzung haben die Anforderungen an Berater:innen erheblich verändert. In einer Welt, in der Beratungsprojekte zunehmend umsetzungsorientiert sind, suchen Unternehmen Berater:innen, die nicht nur in der Lage sind, Herausforderungen zu analysieren und Strategien zu entwickeln, sondern auch die Umsetzung dieser Strategien effektiv zu begleiten. Kunden legen heute besonderen Wert auf Seniorität und Erfahrung, da diese nicht nur fundiertes theoretisches Wissen, sondern vor allem praktische Kompetenz und eine nachweisbare Erfolgsbilanz erwarten lassen (Kotter, 2012; Beer & Nohria, 2000).

In der Vergangenheit konzentrierten sich Beratungsprojekte oft auf die Analyse von Problemen und die Entwicklung von Empfehlungen. Heute ist jedoch eine pragmatische Herangehensweise gefragt, die es ermöglicht, Lösungen effektiv und nachhaltig in die Praxis umzusetzen. Dies bedeutet, dass Berater:innen zunehmend als Partner in der Umsetzung betrachtet werden, die nicht nur als externe Expert:innen fungieren, sondern aktiv in den Veränderungsprozess eingebunden sind. Erfahrung spielt hierbei eine entscheidende Rolle, da sie den Berater:innen hilft, mögliche Risiken frühzeitig zu erkennen, Lösungen realistisch zu gestalten und Herausforderungen pragmatisch zu bewältigen. Seniorität bezieht sich also nicht nur Wissen, sondern auch auf die Fähigkeit, komplexe Veränderungen zu steuern und in einem dynamischen Umfeld anzupassen (Schein, 2010).

Diese Entwicklung unterstreicht die Notwendigkeit für Berater:innen, sich kontinuierlich weiterzubilden und ihre Expertise in spezifischen Bereichen zu vertiefen. Besonders in Branchen, die von hoher Komplexität und schnellen Veränderungen geprägt sind (Technologie, Nachhaltigkeit oder Digitalisierung) wird spezialisiertes Fachwissen zu einem entscheidenden Wettbewerbsvorteil. Laut McKinsey & Company (2020) sind Unternehmen, die in der Lage sind, spezialisierte Berater:innen für komplexe Projekte zu gewinnen, besser in der Lage, ihre Herausforderungen erfolgreich zu meistern und nachhaltige Ergebnisse zu erzielen.

Darüber hinaus kommt der Fähigkeit, starke Kundenbeziehungen aufzubauen, eine wachsende Bedeutung zu. Seniorität bringt nicht nur technisches Know-how mit sich, sondern auch die soziale Kompetenz, um mit Kunden auf Augenhöhe zu kommunizieren, Vertrauen aufzubauen und Veränderungsprozesse empathisch zu begleiten. Diese Fähigkeit zur empathischen Kommunikation und zur Etablierung einer partnerschaftlichen Beziehung zu den Kunden wird zunehmend als Schlüssel zum Erfolg in der Beratung erkannt (Cameron/ Green, 2015).

Marktkonzentration und Wettbewerb im Beratermarkt

Die Beratungsbranche ist von einer deutlichen Marktkonzentration geprägt, bei der wenige große Beratungsunternehmen, insbesondere im Bereich der Management- und Strategieberatung, die Marktlandschaft dominieren. Diese Großunternehmen profitieren von umfangreichen Netzwerken, starken finanziellen Ressourcen und etablierten Marken, die ihnen einen erheblichen Wettbewerbsvorteil verschaffen. Sie sind häufig die bevorzugten Partner für finanzstarke multinationale Konzerne und öffentliche Institutionen, wodurch sie ihre Marktdominanz weiter ausbauen können (Kotter, 2012).

Für kleine und mittelständische Beratungsfirmen gestaltet es sich zunehmend schwierig, in diesem Umfeld Fuß zu fassen. Trotz ihrer oft spezialisierten Expertise und Flexibilität stoßen sie auf Barrieren, da sie weder die Ressourcen noch die Reichweite der großen Player aufweisen. Diese Ungleichheit führt zu einer Verdrängung kleinerer Anbieter und einer schwindenden Vielfalt im Beratungsangebot, was sich negativ auf die Innovationskraft der Branche auswirken kann (McKinsey & Company, 2020).

Ein weiterer belastender Faktor ist der Preisdruck, der durch den intensiven Wettbewerb auf dem Markt für Beratungsdienstleistungen verstärkt wird. Besonders bei Ausschreibungen und Projekten für öffentliche Institutionen kommt es häufig zu einem Unterbieten der Mitbewerber, was die Margen schrumpfen lässt. Große Beratungsfirmen sind in der Lage, niedrigere Preise durch Skaleneffekte und Cross-Finanzierung anderer Projekte zu kompensieren. Kleinere Beratungsunternehmen hingegen geraten durch diesen Preiswettbewerb zunehmend unter Druck, was ihre wirtschaftliche Stabilität gefährdet und sie oft zwingt, ihre Dienstleistungen zu marginalisieren oder von Projekten Abstand zu nehmen (Parker, 2002).

Trotz dieser Herausforderungen bieten sich auch Chancen für kleinere Beratungsfirmen. Ihre Stärke liegt in der Spezialisierung und der Fähigkeit, individuelle, maßgeschneiderte Lösungen zu entwickeln, die den spezifischen Bedürfnissen von Kunden gerecht werden. Zudem können sie durch Agilität und Kundennähe punkten, Eigenschaften, die große Unternehmen nicht immer in gleichem Maße bieten können (Alvesson/ Spicer, 2016). Um in diesem von Marktkonzentration und Wettbewerb geprägten Umfeld zu bestehen, ist es für kleinere Beratungsfirmen entscheidend, sich auf ihre Nischen zu konzentrieren, strategische Partnerschaften einzugehen und ihre Leistungen klar von denen der großen Anbieter abzugrenzen. Gleichzeitig ist es wichtig, innovative Geschäftsmodelle zu entwickeln, die den hohen Preisdruck entschärfen und langfristige Kundenbeziehungen fördern (Senge, 1990).

Qualität und Vertrauen in der Beratungsbranche
Die Beratungsbranche sieht sich mit erheblichen Herausforderungen in Bezug auf Qualität und Vertrauen konfrontiert, die wesentliche Faktoren für den langfristigen Erfolg darstellen (vgl. auch Gre-

schuchna, 2006). Dabei werden insbesondere zwei Aspekte immer wieder kritisch betrachtet: Qualitätsunterschiede und mangelnde Transparenz.

Die Qualität der Beratungsleistungen variiert erheblich zwischen den Anbietern, was das Vertrauen der Kunden in die Branche beeinträchtigen kann. Einige Berater:innen bieten standardisierte Lösungen an, die wenig Rücksicht auf die spezifischen Bedürfnisse und Besonderheiten ihrer Kunden nehmen. Solche Ansätze führen oft zu enttäuschenden Ergebnissen, da sie nicht die gewünschten oder benötigten Verbesserungen liefern. Für Kunden, die eine maßgeschneiderte Unterstützung suchen, kann dies nicht nur Frustration, sondern auch eine generelle Skepsis gegenüber Beratungsfirmen hervorrufen. Dies untergräbt die Reputation der Branche insgesamt, da unzureichende Leistungen einzelner Anbieter auf die gesamte Beratungslandschaft abstrahlen können (Kotter, 2012).

Ein weiteres Problem ist die mangelnde Transparenz in der Arbeitsweise und den Kostenstrukturen vieler Beratungsunternehmen. Kunden erwarten zunehmend klare und nachvollziehbare Angebote, die sowohl die geplanten Leistungen als auch die erwarteten Ergebnisse transparent darstellen. Intransparente Abrechnungsmodelle, fehlende Erfolgsmessungen oder unklare Projektziele können jedoch das Vertrauen in die Beratungsfirma erheblich schwächen. Insbesondere in einem Markt, in dem der Wettbewerb intensiv ist, erwarten Kunden heute ein Höchstmaß an Offenheit und Nachvollziehbarkeit (McKinsey & Company, 2020).

Um diese Herausforderungen zu bewältigen, müssen Beratungsfirmen verstärkt auf kundenzentrierte Ansätze setzen, die auf die individuellen Bedürfnisse und Ziele der Kunden eingehen. Dies erfordert nicht nur eine fundierte Analyse und Beratung, sondern auch eine enge Zusammenarbeit während der gesamten Projektlaufzeit. Darüber hinaus sollten Beratungsunternehmen ihre Transparenz erhöhen, indem sie klare und verständliche Angebote erstellen, die sowohl den Umfang der Leistungen als auch die erwarteten Ergebnisse offenlegen. Regelmäßige Fortschrittsberichte und Erfolgsmessungen können zusätzlich dazu beitragen, Vertrauen aufzubauen und die Qualität der Leistungen nachzuweisen (Parker, 2002).

Langfristig hängt der Erfolg der Beratungsbranche maßgeblich davon ab, ob es ihr gelingt, Vertrauen durch konsistente Qualität und transparente Arbeitsweisen zu stärken. Kunden, die positive Erfahrungen mit Beratungsfirmen machen, werden diese nicht nur weiterempfehlen, sondern auch langfristige Partnerschaften aufbauen. Qualität und Vertrauen sind somit nicht nur ethische Grundpfeiler der Beratungstätigkeit, sondern auch strategische Erfolgsfaktoren in einem wettbewerbsintensiven Markt (Senge, 1990).

Innovationsdruck in der Beratungsbranche

Die Beratungsbranche steht unter einem wachsenden Innovationsdruck, der maßgeblich durch die digitale Transformation und die sich ständig verändernden Marktbedingungen vorangetrieben wird. Unternehmen erwarten von ihren Berater:innen zunehmend nicht nur Expertise in traditionellen Methoden, sondern auch die Fähigkeit, moderne, technologische und datenbasierte Lösungen anzubieten (Kotter, 2012).

Ein wesentlicher Treiber dieses Innovationsdrucks ist die Digitalisierung. Die digitale Transformation hat nicht nur die Anforderungen der Kunden verändert, sondern stellt auch die Beratungsfirmen selbst vor neue Herausforderungen. Unternehmen suchen Berater:innen, die ihnen helfen, digitale Technologien wie Big Data, KI oder Automatisierung effektiv einzusetzen. Gleichzeitig müssen Beratungsunternehmen ihre eigenen Dienstleistungen digitalisieren, um schneller, effizienter und zukunftsfähig zu agieren (McKinsey & Company, 2020). Dies erfordert die Entwicklung innovativer Ansätze, wie beispielsweise den Einsatz von datengetriebenen Tools für

Analysen oder digitalen Plattformen für die Zusammenarbeit mit Kunden.

Die digitale Transformation hat die Anforderungen an die Beratungsbranche grundlegend verändert. Unternehmen suchen zunehmend nach Partnern, die ihnen helfen, komplexe Herausforderungen wie die Entwicklung neuer Geschäftsmodelle, die Optimierung von Prozessen und die Einführung neuer Technologien zu meistern. Die Nachfrage nach Beratungsleistungen im Bereich KI und Datenanalyse in den ist letzten Jahren stark gestiegen. Berater müssen daher nicht nur über tiefgreifende Branchenkenntnisse verfügen, sondern auch in der Lage sein, komplexe Daten zu analysieren und datenbasierte Entscheidungen zu treffen. Ein Beispiel hierfür sind KI-gestützte Chatbots, die den Kundenservice automatisieren und personalisieren können. Gleichzeitig müssen Berater:innen sicherstellen, dass der Einsatz von Technologien ethischen und datenschutzrechtlichen Grundsätzen entspricht.

Neben der Digitalisierung wird auch Agilität und Flexibilität zu einem unverzichtbaren Merkmal moderner Beratungsansätze. In einem Markt, der sich durch schnelle Veränderungen und Unsicherheiten auszeichnet, verlieren starre und standardisierte Beratungsmodelle zunehmend an Relevanz. Stattdessen erwarten Kunden maßgeschneiderte und dynamische Lösungen, die sich flexibel an veränderte Bedingungen anpassen lassen. Berater:innen müssen daher in der Lage sein, schnell auf neue Anforderungen zu reagieren, kreative Ansätze zu entwickeln und eng mit ihren Kunden zusammenzuarbeiten, um nachhaltige Ergebnisse zu erzielen (Senge, 1990).

Dieser Innovationsdruck bedeutet, dass Beratungsfirmen kontinuierlich in die Weiterentwicklung ihrer Methoden, Tools und Kompetenzen investieren müssen. Der Fokus sollte darauf liegen, digitale Technologien mit menschlicher Expertise zu kombinieren, um sowohl technische Präzision als auch strategische Weitsicht zu gewährleisten. Gleichzeitig ist es wichtig, eine Unternehmenskultur zu fördern, die Experimentierfreude, Offenheit für Veränderungen und kundenorientiertes Denken unterstützt (Parker, 2002).

Nachhaltigkeit und Ethik in der Beratung

Nachhaltigkeit und Ethik sind zu zentralen Themen in der Beratungsbranche geworden, da Unternehmen zunehmend mit wachsenden Erwartungen von Kunden, Regulierungsbehörden und der Gesellschaft konfrontiert sind (Gartner, 2020). Beratungsfirmen stehen vor der Herausforderung, nicht nur wirtschaftlich effektive, sondern auch ökologisch und sozial verantwortungsvolle Lösungen anzubieten (PwC, 2020).

Die steigenden Nachhaltigkeitsanforderungen, insbesondere im Kontext der ESG-Kriterien (Umwelt, Soziales und Governance), haben den Beratungsmarkt grundlegend verändert. Unternehmen suchen Berater:innen, die ihnen helfen können, nachhaltige Strategien zu entwickeln, regulatorische Anforderungen zu erfüllen und gleichzeitig ihre Wettbewerbsfähigkeit zu sichern (KPMG, 2021). Diese Nachfrage betrifft nicht nur spezifische Projekte, sondern auch die Integration von Nachhaltigkeit in alle Aspekte der Geschäftstätigkeit. Beratungsunternehmen, die diesen Anforderungen nicht gerecht werden, riskieren, Marktanteile zu verlieren und ihre Relevanz in einer zunehmend nachhaltigkeitsorientierten Welt einzubüßen (McKinsey & Company, 2020).

Neben der Nachhaltigkeit gewinnt auch die ethische Verantwortung in der Beratung an Bedeutung. Berater:innen müssen sich der potenziellen Auswirkungen ihrer Empfehlungen auf Unternehmen und deren Stakeholder bewusst sein. Einseitige Beratungen, die kurzfristige Gewinne über langfristige Stabilität stellen, können schwerwiegende Konsequenzen nach sich ziehen, darunter finanzielle Verluste, Reputationsschäden oder soziale und ökologische

Probleme (Willmott/ Knights, 1999). Die öffentliche Wahrnehmung der Beratungsbranche wird zunehmend kritisch, insbesondere wenn Empfehlungen zu negativen Ergebnissen wie Arbeitsplatzabbau, Umweltbelastungen oder fragwürdigen Geschäftspraktiken führen (Senge, 1990). Ein ethisches Bewusstsein erfordert von Berater:innen nicht nur die Fähigkeit, potenzielle Risiken und Nebenwirkungen ihrer Strategien zu bewerten, sondern auch den Mut, Kunden auf langfristig tragfähige und verantwortungsvolle Lösungen hinzuweisen – selbst wenn diese mit höheren Investitionen oder schwierigen Veränderungen verbunden sind (Kotter, 2012; Heintel, 2006).

Nachhaltigkeit und Ethik sind damit nicht nur Herausforderungen, sondern auch Chancen für die Beratungsbranche. Beratungsunternehmen, die sich als Vorreiter in diesen Bereichen positionieren, können nicht nur neue Marktpotenziale erschließen, sondern auch das Vertrauen und die Loyalität ihrer Kunden stärken. Eine klare Ausrichtung auf nachhaltige und ethische Werte wird zunehmend zu einem strategischen Erfolgsfaktor, der den Unterschied zwischen kurzfristigem Erfolg und langfristiger Relevanz ausmacht (Harvard Business Review, 2020).

Branchenspezifisches Wissen in der Beratung

Branchenspezifisches Wissen wird in der Beratungsbranche zunehmend zu einem entscheidenden Erfolgsfaktor. Unternehmen stehen vor der Wahl zwischen spezialisierten Beratungsfirmen, die tiefes Fachwissen in bestimmten Branchen bieten, und Generalisten, die ein breites Spektrum an Themen und Kompetenzen abdecken können. Dieser Spagat zwischen Spezialisierung und Generalisierung stellt Berater:innen vor die Herausforderung, ihre Positionierung klug zu wählen, um wettbewerbsfähig zu bleiben.

Einige Kunden bevorzugen spezialisierte Berater:innen, die sich in den Eigenheiten und spezifischen Herausforderungen ihrer Branche bestens auskennen. Diese Spezialisierung ermöglicht es, maßgeschneiderte Lösungen zu entwickeln, die auf tiefem Verständnis für branchenspezifische Prozesse, Regulierungen und Marktanforderungen basieren (McKinsey & Company, 2020). Die wachsende Nachfrage nach spezifischem Know-how zeigt sich besonders in Branchen, die durch technologische Innovationen oder regulatorische Anforderungen herausgefordert werden. Beratungsfirmen, die über fundierte Kenntnisse in Bereichen wie IT-Transformation, digitaler Gesundheit oder nachhaltiger Energieversorgung verfügen, sind gut positioniert, um Unternehmen in diesen zukunftsweisenden Feldern zu unterstützen (Gartner, 2020).

Gleichzeitig gibt es Unternehmen, die Generalisten suchen, um umfassende Herausforderungen anzugehen, die verschiedene Bereiche und Disziplinen betreffen. Generalistische Beratungsfirmen können durch ihren breiten Blickwinkel innovative Ansätze bieten, indem sie Expertise aus unterschiedlichen Branchen und Themenfeldern miteinander kombinieren (Deloitte, 2021). Diese Herangehensweise ist besonders in dynamischen und schnell wachsenden Märkten von Bedeutung, in denen Unternehmen häufig mit übergreifenden Herausforderungen konfrontiert sind, die mehr als nur branchenspezifisches Wissen erfordern.

Für Berater:innen bedeutet diese Entwicklung, dass sie eine Balance zwischen Spezialisierung und Generalisierung finden müssen. Ein fokussierter Aufbau von branchenspezifischem Wissen kann einen klaren Wettbewerbsvorteil schaffen, während ein gewisses Maß an Generalisierung es ermöglicht, übergreifende Fragestellungen und strategische Herausforderungen zu adressieren (Harvard Business Review, 2020).

Regulierung und Compliance in der Beratungsbranche

Die Beratungsbranche sieht sich wachsenden Herausforderungen durch steigende Regulierungsanforderungen gegenüber. Insbesondere in Bereichen wie Datenschutz und Compliance werden die Vorgaben immer komplexer. Beratungsunternehmen müssen sicherstellen, dass ihre eigenen Prozesse und die von ihnen empfohlenen Strategien den gesetzlichen Bestimmungen entsprechen. Dies erfordert nicht nur ein tiefes Verständnis der jeweiligen Regelwerke, sondern auch Investitionen in entsprechende Schulungen, Technologien und interne Kontrollsysteme (PwC, 2021). Die Einhaltung dieser Anforderungen kann erhebliche Kosten verursachen und stellt insbesondere für kleinere Beratungsfirmen eine Belastung dar (Deloitte, 2020).

Ein weiteres zentrales Thema ist die Beratungsethik und die Vermeidung von Interessenkonflikten. Kunden erwarten von Beratungsunternehmen nicht nur fachliche Kompetenz, sondern auch eine unabhängige und unvoreingenommene Beratung. Es wird zunehmend kritisch betrachtet, wenn Berater:innen in Situationen geraten, in denen ihre Empfehlungen durch eigene Interessen oder externe Verpflichtungen beeinflusst werden könnten (Gartner, 2020). Solche Interessenkonflikte untergraben das Vertrauen und können sowohl die Reputation der Beratungsfirma als auch die Beziehung zum Kunden gefährden.

Die Einhaltung hoher ethischer Standards wird daher zu einem entscheidenden Wettbewerbsfaktor. Beratungsunternehmen sind gefordert, klare Richtlinien und Mechanismen zur Vermeidung von Interessenkonflikten zu implementieren und diese transparent zu kommunizieren. Dazu gehört auch, potenzielle Risiken offen anzusprechen und sicherzustellen, dass die empfohlenen Maßnahmen tatsächlich im besten Interesse des Kunden liegen (Harvard Business Review, 2020).

Die steigenden Anforderungen an Regulierung und Compliance erfordern eine strategische Anpassung der Beratungsunternehmen. Firmen, die proaktiv auf diese Herausforderungen reagieren und sich als vertrauenswürdige Partnerinnen positionieren, können langfristig Wettbewerbsvorteile erzielen. Dies umfasst nicht nur die Einhaltung gesetzlicher Vorgaben, sondern auch die Förderung einer ethischen Unternehmenskultur, die Unabhängigkeit und Transparenz in den Mittelpunkt stellt (McKinsey & Company, 2021). Regulierung und Compliance stellen nicht nur Pflichten dar, sondern bieten auch Chancen, sich durch einschlägige Integrität und Qualität vom Wettbewerb abzuheben. Unternehmen, die diese Werte konsequent verfolgen, stärken nicht nur ihr eigenes Ansehen, sondern auch das Vertrauen ihrer Kunden in die Beratungsbranche insgesamt (Gartner, 2021).

Herausforderungen und Chancen im Beratermarkt

Der Beratermarkt ist geprägt von dynamischen Entwicklungen, die sowohl immense Chancen als auch erhebliche Herausforderungen mit sich bringen. Beratungsfirmen, die flexibel auf diese Veränderungen reagieren, innovative und maßgeschneiderte Lösungen entwickeln und das Vertrauen ihrer Kunden nachhaltig gewinnen, haben gute Voraussetzungen, in diesem hart umkämpften Markt erfolgreich zu sein. Die Nachfrage nach spezialisierten Dienstleistungen, technologischen Innovationen und nachhaltigen Beratungsansätzen bietet Unternehmen die Möglichkeit, sich als strategische Partnerinnen für ihre Kunden zu positionieren. Die Fähigkeit, branchenspezifisches Wissen mit zukunftsorientierten Ansätzen zu verbinden, wird dabei immer mehr zum entscheidenden Erfolgsfaktor. Ebenso spielt die Anpassung an wachsende regulatorische Anforderungen und die Förderung von Transparenz und Ethik eine zentrale Rolle.

Gleichzeitig stellen der zunehmende Wettbewerb, der Fachkräfte-mangel und steigende Kundenerwartungen Beratungsfirmen vor große Herausforderungen. Unternehmen, die nicht in der Lage sind, sich weiterzuentwickeln oder den sich verändernden Anforde-rungen gerecht zu werden, riskieren, Marktanteile und langfristige Relevanz zu verlieren. Insgesamt wird deutlich, dass Erfolg im Be-ratermarkt nicht nur von fachlicher Kompetenz, sondern auch von Innovationsfähigkeit, Kundenorientierung und ethischem Handeln abhängt. Beratungsunternehmen, die diese Elemente in ihre Stra-tegien integrieren, können nicht nur die aktuellen Herausforderun-gen meistern, sondern auch neue Chancen nutzen, um langfristig erfolgreich zu sein.

Die zunehmende Bedeutung von Nachhaltigkeit und ESG-Kriterien stellt die Beratungsbranche vor neue Herausforderungen und Chan-cen. Unternehmen erwarten von ihren Berater:innen nicht nur wirt-schaftliche Effizienz, sondern auch eine ganzheitliche Betrachtung von ökologischen und sozialen Auswirkungen. Durch die Integra-tion von ESG-Aspekten in ihre Beratungsleistungen können Unter-nehmen nicht nur einen positiven Beitrag zur Gesellschaft leisten, sondern auch ihre langfristige Wettbewerbsfähigkeit stärken. Die Kombination von finanziellen und nicht-finanziellen Kennzahlen ermöglicht es, den Erfolg von Unternehmen ganzheitlich zu bewer-ten und nachhaltige Geschäftsmodelle zu entwickeln.

6 Bedeutung des Change Managements in der Geschäftswelt

Das Change Management ist in der heutigen Geschäftswelt nicht nur eine optionale Disziplin, sondern eine unverzichtbare betriebswirtschaftliche Notwendigkeit. In einer Ära beschleunigter Veränderungen, die von den Megatrends der Dekarbonisierung, Digitalisierung und Deglobalisierung geprägt ist, sehen sich Unternehmen zunehmend mit Herausforderungen konfrontiert, die tiefgreifende transformatorische Anpassungen erfordern. Diese Veränderungen betreffen nicht nur strategische und technologische Dimensionen, sondern erfordern auch eine fundamentale kulturelle und soziale Anpassung innerhalb der Organisationen. Die theoretische Fundierung und praktische Validierung von Change Management haben sich als wertvolle Werkzeuge erwiesen, um Unternehmen nicht nur auf den Weg der Veränderung zu bringen, sondern sicherzustellen, dass diese Veränderungen effektiv und nachhaltig umgesetzt werden.

Führende Wissenschaftler:innen wie John Kotter, Peter Senge und viele andere Expert:innen der Managementtheorie betonen die Bedeutung, Change Management nicht nur als technokratischen Prozess zu sehen, sondern als eine tief in der Unternehmenskultur verankerte Transformation. Die Balance zwischen organisatorischer Effizienz und den sozialen Bedürfnissen der Mitarbeitenden und Stakeholder ist entscheidend, um langfristigen Erfolg und eine stabile Zukunft für das Unternehmen zu gewährleisten. Change Management bietet eine systematische Steuerung von Veränderungen, die sicherstellt, dass alle Beteiligten – von Führungskräften bis zu Mitarbeitenden – aktiv in den Prozess eingebunden werden. Dies bedeutet nicht nur die Anpassung von Prozessen und Technologien, sondern auch die Neuausrichtung von Werten und Normen, die eine Organisation prägen. Eine klare Vision, transparente Kommunikation und engagiertes Leadership sind dabei nicht nur wünschenswert, sondern erforderlich, um Veränderungen erfolgreich und langfristig zu verankern. Doch trotz der weit verbreiteten Anerkennung und des Erfolgs von Change Management gibt es immer wieder Herausforderungen und Kritikpunkte, insbesondere wenn Führungskräfte zu sehr auf technische Lösungen setzen und dabei die emotionalen und sozialen Bedürfnisse der Mitarbeitenden vernachlässigen. Auch die Instrumentalisierung von Change-Management-Prozessen durch externe Berater, die kurzfristige Effizienzgewinne im Fokus haben, kann die Langfristigkeit und Nachhaltigkeit der Veränderungen gefährden. Trotz dieser potenziellen Fallstricke bleibt Change Management ein Schlüssel für die Zukunftsfähigkeit von Unternehmen.

In einer Welt, die von Unsicherheit und ständigen Veränderungen geprägt ist, können Unternehmen, die Change Management als kontinuierlichen Prozess verstehen, besser auf zukünftige Herausforderungen reagieren und ihre Wettbewerbsfähigkeit langfristig sichern. Die Dekarbonisierung stellt Unternehmen vor die Herausforderung, nicht nur ihre technologischen Prozesse, sondern auch ihre Unternehmenskultur zu verändern, um nachhaltigere Geschäftspraktiken zu integrieren. Change Management spielt hier eine Schlüsselrolle, indem es nachhaltige Werte verankert und Mitarbeitende für die Veränderungen gewinnt, die notwendig sind, um den CO_2-Ausstoß zu reduzieren und den Klimawandel aktiv zu bekämpfen.

Die Digitalisierung erfordert tiefgreifende Änderungen in den Arbeitsmethoden und der Unternehmenskultur. Hier hilft Change Management, die digitalen Tools zu integrieren und die Mitarbeitenden auf die neuen Technologien vorzubereiten. Veränderungen in der Arbeitsweise – von flexiblen Arbeitsmodellen bis zu agilen

Projektmethoden – müssen durch Change Management nicht nur ermöglicht, sondern aktiv begleitet werden.

Die Deglobalisierung stellt Unternehmen vor die Herausforderung, ihre globalen Märkte neu zu denken und zu strategischen Anpassungen in den Lieferketten und Produktionsprozessen zu bewegen. Auch in diesem Kontext hilft Change Management, eine regionale Perspektive in die Unternehmensstrategie zu integrieren und kulturelle sowie strukturelle Anpassungen vorzunehmen, um erfolgreich mit der Veränderung der globalen Märkte Schritt zu halten. Abschließend lässt sich sagen, dass Change Management nicht nur eine reaktive Maßnahme ist, um mit Veränderungen umzugehen, sondern eine proaktive Strategie, die Unternehmen hilft, zukunftsorientiert zu handeln. Unternehmen, die Change Management als integralen Bestandteil ihrer Unternehmensstrategie begreifen und kontinuierlich einsetzen, werden besser auf die Herausforderungen der Zukunft vorbereitet und können ihre langfristige Wettbewerbsfähigkeit und Nachhaltigkeit sichern. In einer dynamischen, unsicheren Welt ist Change Management nicht nur ein Vorteil, sondern eine notwendige Disziplin, um langfristig erfolgreich zu bleiben.

Betriebliche Relevanz

Die betriebliche Relevanz des Change Managements ist angesichts der oben erwähnten globalen Megatrends wie Dekarbonisierung, Digitalisierung und Deglobalisierung nicht zu unterschätzen. Diese Trends fordern Unternehmen heraus, ihre Geschäftsmodelle, Arbeitsweisen und Unternehmenskulturen umfassend zu transformieren. Change Management spielt eine zentrale Rolle in dieser Transformation, da es nicht nur die Implementierung technischer Neuerungen unterstützt, sondern auch die kulturellen und organisatorischen Anpassungen vorantreibt, die für nachhaltigen Erfolg erforderlich sind. Betrachten wir diese Zusammenhänge etwas genauer.

Dekarbonisierung als Herausforderung
für Change Management

Im Bereich der Dekarbonisierung, also der Reduktion von CO_2-Emissionen und der Umstellung auf nachhaltigere Geschäftsmodelle, ist Change Management entscheidend, um die Belegschaft auf die notwendigen Veränderungen vorzubereiten und Widerstände zu minimieren. Die Einführung neuer klimafreundlicher Technologien und die Anpassung an regulatorische Anforderungen erfordern tiefgreifende Veränderungen in den Betriebsabläufen und der Unternehmenskultur. Change Management hilft dabei, diese Veränderungen klar zu kommunizieren, Mitarbeitende aktiv einzubinden und die langfristige Vision zu vermitteln, die mit diesen Transformationen verbunden ist. Ohne ein effektives Change Management könnten die erforderlichen kulturellen Anpassungen und die Schaffung einer Nachhaltigkeitskultur im Unternehmen scheitern.

Im Bereich der Dekarbonisierung müssen Unternehmen ihre Produktionsprozesse, Lieferketten und Produkte so ausrichten, dass sie den CO_2-Ausstoß signifikant reduzieren. Dies ist nicht nur eine technische Herausforderung, sondern auch eine organisatorische und kulturelle, da viele Unternehmen von traditionellen, umweltschädlichen Praktiken abhängen. Change Management unterstützt Unternehmen dabei, Nachhaltigkeitsstrategien zu entwickeln, die sowohl praktikabel als auch effektiv sind. Besonders wichtig ist es, die Mitarbeitenden für die Ziele der Dekarbonisierung zu gewinnen und sie in den Transformationsprozess einzubeziehen, um Akzeptanz und Mitgestaltung zu fördern.

Laut einer Studie von PwC (2020) setzen 79 % der Unternehmen weltweit Nachhaltigkeitsstrategien um, um ihre Marktposition zu sichern und den steigenden regulatorischen Anforderungen gerecht zu werden. Ohne ein effektives Change Management könnte es jedoch zu Widerständen und fehlender Akzeptanz kommen, was den Erfolg der Dekarbonisierungsstrategien gefährden würde. Ein effektives Change Management fördert die Akzeptanz der Mitarbeitenden, indem es ihnen hilft, die Notwendigkeit dieser tiefgreifenden Veränderungen zu verstehen und aktiv am Prozess teilzunehmen. Nur so können Unternehmen sicherstellen, dass ihre Nachhaltigkeitsstrategien nicht nur technisch, sondern auch kulturell und organisatorisch erfolgreich umgesetzt werden.

Digitalisierung als Treiber der Veränderung

Die Digitalisierung ist ein weiterer Bereich, in dem Change Management eine Schlüsselrolle spielt. Die rasante Einführung neuer digitaler Technologien erfordert eine tiefgreifende Anpassung sowohl in den Arbeitsprozessen als auch in der Denkweise der Mitarbeitenden. Eine McKinsey-Studie (2020) zeigt, dass 87 % der Unternehmen weltweit Schwierigkeiten haben, die erforderlichen digitalen Kompetenzen zu entwickeln, was die Umsetzung von digitalen Strategien behindert. Change Management hilft dabei, die Mitarbeitenden auf diese neuen Technologien vorzubereiten, ihre Ängste und Widerstände abzubauen und sicherzustellen, dass digitale Tools erfolgreich in die täglichen Arbeitsprozesse integriert werden.

Besonders in Zeiten der Digitalisierung ist ein Kulturwandel notwendig: Agilität, Innovation und Zusammenarbeit müssen stärker in den Unternehmenswerten verankert werden. Der digitale Wandel erfordert nicht nur technologische Anpassungen, sondern auch die Einführung flexibler Arbeitsmethoden, die von einer offenen und kooperativen Unternehmenskultur getragen werden (Kotter, 2012). Die Digitalisierung stellt Unternehmen vor die Herausforderung, ihre Geschäftsprozesse und Arbeitsmethoden grundlegend umzustellen. Neue digitale Technologien, wie etwa Cloud Computing und Automatisierung, eröffnen Potenziale zur Effizienzsteigerung und Innovation. Dennoch geht die Digitalisierung weit über die reine

Einführung neuer Tools hinaus. Sie erfordert auch eine Veränderung der Arbeitsweise und Denkweise der Mitarbeitenden.

Hier kommt Change Management ins Spiel: Es sorgt dafür, dass die Mitarbeitenden nicht nur die neuen Technologien verstehen, sondern diese auch in ihre Arbeitsprozesse integrieren können. Ein erfolgreicher digitaler Wandel ist nur dann möglich, wenn die Unternehmenskultur entsprechend angepasst wird, um Innovation, Flexibilität und Zusammenarbeit zu fördern. Change Management unterstützt diesen Kulturwandel und sorgt dafür, dass digitale Transformationen nicht nur auf technischer Ebene erfolgreich umgesetzt werden, sondern auch auf der zwischenmenschlichen und kulturellen Ebene Akzeptanz finden. Ein gut implementiertes Change Management sorgt somit dafür, dass der digitale Wandel nicht nur die Infrastruktur betrifft, sondern auch die gesamte Arbeitsweise und Denkweise der Mitarbeitenden, was für den nachhaltigen Erfolg der digitalen Transformation unerlässlich ist.

Deglobalisierung und ihre Auswirkungen auf die Unternehmensstrategien

Geopolitische Spannungen und regionale Unsicherheiten zwingen Unternehmen, ihre internationalen Märkte und Beschaffungsstrategien an neue Gegebenheiten anzupassen. Laut einer Studie von Boston Consulting Group (BCG, 2021) geben 69 % der globalen Führungskräfte an, dass die Neugestaltung ihrer Lieferketten eine der wichtigsten strategischen Initiativen für die kommenden Jahre ist. Besonders in einer zunehmend multipolaren Welt, in der die globalen Lieferketten durch regionale Konflikte und protektionistische Tendenzen gestört werden können, müssen Unternehmen ihre Geschäftsmodelle und Wertschöpfungsketten überdenken.

Change Management spielt hierbei eine zentrale Rolle, indem es Unternehmen unterstützt, von globalisierten auf stärker regionalisierte Wertschöpfungsketten umzustellen und die damit verbundenen organisatorischen und kulturellen Anpassungen erfolgreich zu koordinieren. Ohne ein effektives Change Management könnten Unternehmen auf Widerstand stoßen, was zu ineffizienten Lieferketten und einer verringerten Resilienz führen könnte. Die Notwendigkeit, Geschäftsstrategien und Lieferketten an regionale oder lokale Marktgegebenheiten anzupassen, verlangt von den Unternehmen nicht nur strategische, sondern auch kulturelle Veränderungen. Eine Studie von McKinsey & Company (2020) hebt hervor, dass Unternehmen, die erfolgreich Change- Management-Strategien implementieren, deutlich widerstandsfähiger und flexibler gegenüber Marktveränderungen sind.

Die Umstellung von globalen auf regionalisierte Geschäftsmodelle kann intern auf Widerstand stoßen, besonders wenn die Mitarbeitenden nicht ausreichend in den Transformationsprozess eingebunden werden. Change Management sorgt dafür, dass dieser Übergang durch klare Kommunikation und eine aktive Einbindung der Mitarbeitenden unterstützt wird, was die Akzeptanz der Veränderungen fördert. Eine offene und transparente Kommunikation über die Notwendigkeit der Veränderungen sowie regelmäßiges Feedback sind entscheidend, um Ängste und Unsicherheiten zu überwinden und die Mitarbeitenden zu motivieren, aktiv zum Erfolg des Wandels beizutragen.

Laut einer Untersuchung von PwC (2021) sind Unternehmen, die ihre Mitarbeitenden in den Veränderungsprozess einbeziehen und Change Management als fortlaufenden Prozess begreifen, eher in der Lage, die Herausforderungen der Deglobalisierung zu bewältigen und sich besser auf regionalisierte Märkte auszurichten. Change Management unterstützt dabei nicht nur bei der reibungslosen Umsetzung der strategischen Anpassungen, sondern auch bei der Förderung einer Unternehmenskultur, die den Wandel aktiv mitträgt und langfristig nachhaltige Anpassungen ermöglicht. Diese ganzheitliche Herangehensweise stärkt die Resilienz des Unternehmens und positioniert es für die zukünftigen geopolitischen und wirtschaftlichen Herausforderungen.

Mitarbeitendenmotivation und Engagement

Mitarbeitendenmotivation und -engagement sind nicht nur entscheidend für den Erfolg von Veränderungsprozessen, sondern auch für die langfristige Stabilität und Weiterentwicklung von Organisationen. Eine Gallup-Studie (2020) zeigt, dass Unternehmen mit einer hohen Mitarbeitendenbeteiligung nicht nur eine höhere Produktivität erzielen, sondern auch eine stärkere Resilienz gegenüber Veränderungen aufbauen. In Unternehmen, die das Engagement ihrer Mitarbeitenden fördern, kommt es zu einer höheren Innovationsbereitschaft und einer stärkeren Identifikation mit der Unternehmensvision. Mitarbeitende sind motivierter, Veränderungen zu unterstützen, wenn sie sich als Teil des Prozesses fühlen und ein Sinn hinter den Veränderungen erkennbar wird.

Veränderungen rufen häufig Unsicherheit hervor, die sich negativ auf die Motivation und das Engagement der Mitarbeitenden auswirken kann. Insbesondere wenn Veränderungen unvorbereitet und ohne klare Kommunikation eingeleitet werden, kann dies Ängste schüren und Widerstand hervorrufen. Ein effektives Change Management hilft dabei, diese negativen Reaktionen zu überwinden, Vertrauen aufzubauen und Mitarbeitende aktiv in den Veränderungsprozess einzubinden. Vertrauen spielt hierbei eine zentrale Rolle. Wenn Mitarbeitende das Gefühl haben, dass ihre Bedenken gehört und respektiert werden, sind sie eher bereit, Veränderungen zu akzeptieren und daran mitzuarbeiten. Ein respektvoller und transparenter Umgang mit den Mitarbeitenden minimiert Ängste und fördert das Gefühl der Sicherheit.

Partizipation und Mitgestaltung sind Schlüsselfaktoren, um das Engagement zu fördern und die Akzeptanz von Veränderungen zu steigern. Wenn Mitarbeitende aktiv in den Veränderungsprozess eingebunden werden – sei es durch Feedbackrunden, Workshops oder andere Beteiligungsformate – führt dies zu einer stärkeren Identifikation mit den Zielen des Wandels. Sie fühlen sich nicht als passive Empfänger von Entscheidungen, sondern als Mitgestaltende, die Einfluss auf den Prozess haben. Studien belegen, dass die frühzeitige Einbindung von Mitarbeitenden die Erfolgswahrscheinlichkeit von Change-Prozessen erheblich steigert. Wenn Mitarbeitende verstehen, warum bestimmte Veränderungen notwendig sind und wie sie konkret umgesetzt werden, steigt ihre Bereitschaft, diese aktiv zu unterstützen.

Eine klare und konsistente Kommunikation während des gesamten Veränderungsprozesses ist von entscheidender Bedeutung. Unklarheiten und widersprüchliche Informationen führen zu Unsicherheit und Misstrauen, was das Engagement beeinträchtigen kann. Führungskräfte, die regelmäßig transparent über den Stand der Veränderung berichten und die Vision des Unternehmens klar vermitteln, schaffen ein Umfeld, in dem Mitarbeitende das Gefühl haben, dass ihre Meinung zählt und sie nicht im Dunkeln gelassen werden. Eine solche Kommunikation fördert nicht nur das Vertrauen, sondern auch das Gefühl der Zugehörigkeit und Verantwortung.

Ein weiterer wichtiger Aspekt ist die Förderung einer Lernkultur während des Veränderungsprozesses. Veränderung kann eine Herausforderung darstellen, aber sie bietet auch eine Chance für persönliches und berufliches Wachstum. Unternehmen, die ihren Mitarbeitenden die Möglichkeit geben, neue Fähigkeiten zu erlernen und sich weiterzuentwickeln, fördern nicht nur das Engagement, sondern tragen auch zur langfristigen Bindung von Talenten bei. Wenn Mitarbeitende sehen, dass ihre Entwicklung gefördert wird, sind sie motivierter, sich für den Erfolg des Unternehmens einzusetzen.

Change Management ist weit mehr ist als nur die Umsetzung von Veränderungen. Es ist ein integrativer Prozess, der Mitarbeitende aktiv einbezieht, ihre Ängste anspricht und ihnen die Möglichkeit gibt, Veränderungen mitzugestalten. Ein gut durchdachtes Change Management, das auf Partizipation, Vertrauen, transparenter Kommunikation und kontinuierlicher Lernförderung setzt, führt nicht nur zu einer erfolgreichen Implementierung von Veränderungen, sondern stärkt auch die langfristige Motivation und das Engagement der Mitarbeitenden.

Die kulturelle Anpassung an neue Werte und Normen

Die Anpassung an neue Werte und Normen ist eine zentrale Herausforderung, die mit den beschriebenen aktuellen Megatrends einhergeht. Werte wie Nachhaltigkeit, Flexibilität und regionale Verantwortung gewinnen zunehmend an Bedeutung. Diese müssen nicht nur in die Unternehmensstrategie integriert werden, sondern auch tief in die Unternehmenskultur eingebettet sein. Change Management sorgt dafür, dass diese Werte nicht nur als abstrakte Ziele formuliert werden, sondern aktiv im Arbeitsalltag und in den Entscheidungsprozessen gelebt werden. Ein reibungsloser Übergang erfordert eine transparente Kommunikation, in der die Mitarbeitenden verstehen, warum diese neuen Werte wichtig sind und wie sie konkret zur Zukunftsfähigkeit des Unternehmens beitragen.

Change Management spielt für Unternehmen, die sich den aktuellen globalen Megatrends stellen, eine unverzichtbare Rolle. Es sorgt nicht nur für die erfolgreiche Implementierung technischer Veränderungen, sondern auch für die erforderliche kulturelle Transformation, die den langfristigen Erfolg sichert. Die Fähigkeit von Unternehmen, diese Veränderungen erfolgreich zu gestalten und die Mitarbeitenden aktiv einzubinden, wird zunehmend zu einem entscheidenden Wettbewerbsfaktor. Unternehmen, die Change Management als kontinuierlichen und integrativen Prozess verstehen, werden in der Lage sein, sich nicht nur an die Herausforderungen der Gegenwart anzupassen, sondern auch langfristig zukunftsfähig zu bleiben.

Organisatorische Effizienz als ein wichtiges Ziel

Organisatorische Effizienz ist ein wichtiges Ziel des Change Managements, da es den erfolgreichen und reibungslosen Ablauf von Veränderungsprozessen innerhalb von Unternehmen sicherstellt. Die erfolgreiche Umsetzung von Veränderungen erfordert nicht nur technologische Anpassungen, sondern auch die sorgfältige Koordination und Integration von Ressourcen. Laut einer Studie von McKinsey & Company (2020) sind Unternehmen, die Change Management als strategischen Prozess implementieren, bis zu 1,5-mal erfolgreicher bei der Umsetzung von Veränderungen als Unternehmen, die dies nicht tun. Ein effektives Change Management sorgt dafür, dass alle beteiligten Ressourcen optimal genutzt werden, indem klare Strukturen und gut definierte Prozesse etabliert werden. Dies umfasst die Erstellung detaillierter Zeitpläne, die Festlegung von Verantwortlichkeiten und die Koordination von Aufgaben über verschiedene Abteilungen hinweg, um sicherzustellen, dass alle Beteiligten effizient zusammenarbeiten.

Ein wesentlicher Aspekt der organisatorischen Effizienz im Change Management ist die frühzeitige Identifikation von möglichen Risiken und Widerständen. Wenn Hindernisse frühzeitig erkannt und proaktiv adressiert werden, können teure Fehler und unnötige Verzögerungen vermieden werden. In der Praxis zeigt sich, dass Unternehmen, die kontinuierlich ihre Veränderungsprozesse evaluieren und flexibel auf Herausforderungen reagieren, eine höhere Erfolgsquote bei der Umsetzung von Transformationsprojekten erzielen. Eine Studie von Deloitte (2019) verdeutlicht, dass 63 % der Unternehmen Prozessoptimierungen als essenziellen Bestandteil ihrer Change-Management-Initiativen betrachten, um ihre Effizienz zu steigern.

Zusätzlich trägt Change Management dazu bei, dass Transformationen mit minimalem Ressourcenaufwand durchgeführt werden. Effiziente Nutzung von Personal, Zeit und Finanzmitteln ist genauso wichtig wie die Gewährleistung von Qualität und Nachhaltigkeit der Veränderungen. Laut einem Bericht von Harvard Business Review (2020) setzen Unternehmen, die Change Management effektiv implementieren, ihre Ressourcen effizienter ein und schaffen gleichzeitig die Grundlage für eine nachhaltige Veränderungskultur. Durch die Optimierung interner Prozesse können Unternehmen nicht nur ihre Ziele schneller erreichen, sondern auch die Belastung für Mitarbeitende und die damit verbundenen Kosten minimieren. Dies zeigt sich in einer Untersuchung von McKinsey (2020), die feststellt, dass Unternehmen mit optimierten Change-Management-Prozessen 30 % schneller und zu 25 % geringeren Kosten Veränderungen umsetzen können.

Ein gut strukturiertes Change Management stellt sicher, dass Veränderungen nicht nur effizient, sondern auch nachhaltig umgesetzt werden. Indem es Reibungsverluste minimiert, für klare Kommunikation sorgt und die Beteiligten kontinuierlich in den Prozess einbindet, führt Change Management zu einer schnelleren und ressourcenschonenderen Transformation. Unternehmen, die Change Management auf diese Weise nutzen, stellen sicher, dass sie ihre gewünschten Ergebnisse erzielen und gleichzeitig ihre Mitarbeitenden auf den Wandel vorbereiten.

Change Management hat eine entscheidende Rolle bei der Steigerung der Effizienz, besonders in Zeiten wirtschaftlicher Unsicherheit oder unter wachsendem Wettbewerbsdruck. Laut einer Studie von Deloitte (2019) berichteten 63 % der Unternehmen, dass Prozessoptimierungen ein zentraler Bestandteil ihrer Change-Management-Initiativen sind. Indem Unternehmen ihre Mitarbeitenden aktiv in den Veränderungsprozess einbeziehen und ihnen den persönlichen Nutzen der Veränderungen näherbringen, fördern sie die Akzeptanz und Nachhaltigkeit der Veränderungen langfristig. Dies ermöglicht es Unternehmen, nicht nur ihre Effizienz zu steigern, sondern auch ihre Organisation für die Herausforderungen der Zukunft zu positionieren.

Soziale Verantwortung des Change Managements

Ein professionell geführtes Change Management berücksichtigt nicht nur Effizienz und Zielverwirklichung, sondern auch die sozialen Aspekte des Wandels. Der Fokus liegt darauf, ein Gleichgewicht zu schaffen, in dem organisatorische Ziele wie Effizienzsteigerung, Kostensenkung oder Prozessoptimierung mit den sozialen Bedürfnissen der Mitarbeitenden und der Verantwortung gegenüber der Gesellschaft in Einklang gebracht werden. Die Betrachtung von Effizienz im Change Management umfasst nicht nur die Steigerung von Produktivität und Gewinn, sondern auch die Sicherstellung der langfristigen Stabilität und Nachhaltigkeit eines Unternehmens. Effiziente Prozesse müssen nicht nur technologisch und operativ optimiert werden, sondern auch die Bedürfnisse der Mitarbeitenden sowie die Unternehmenskultur respektieren.

Die aktive Einbindung der Mitarbeitenden in den Veränderungsprozess ist essentiell für eine hohe Akzeptanz und Motivation. Mitarbeitende müssen die Gelegenheit erhalten, ihre Fähigkeiten an die neuen Anforderungen anzupassen. Transparente und regelmäßige

Kommunikation hilft, Ängste und Unsicherheiten zu reduzieren und fördert Vertrauen. Eine der wichtigsten Aufgaben im Change Management ist es, eine Kultur der Zusammenarbeit zu schaffen, indem die Mitarbeitenden aktiv in Entscheidungsprozesse eingebunden werden. Dies stärkt das Engagement und fördert die Akzeptanz von Veränderungen.

Die soziale Verantwortung eines Unternehmens zeigt sich nicht nur darin, wie es wirtschaftliche Ziele verfolgt, sondern auch, wie es dem Wohl der Mitarbeitenden, der Gesellschaft und der Umwelt dient. In Zeiten von Dekarbonisierung, Digitalisierung und Deglobalisierung wird es zunehmend wichtig, ethische Standards und gesellschaftliche Verantwortung in das Change Management zu integrieren. Unternehmen sollten ökologische und soziale Aspekte in ihrer Unternehmenskultur verankern, um langfristig als verantwortungsbewusste Akteure zu agieren.

Ein wichtiger Bestandteil dieser sozialen Verantwortung ist die Berücksichtigung unterschiedlicher Perspektiven und die Förderung einer inklusiven Arbeitsumgebung. Dies umfasst nicht nur die Berücksichtigung der Bedürfnisse aller Mitarbeitenden, sondern auch die Bereitstellung von Schulungen, Mentoring und psychosozialer Unterstützung. Diese Maßnahmen helfen den Mitarbeitenden, sich erfolgreich an neue Arbeitsweisen anzupassen und die erforderlichen Veränderungen zu bewältigen. Change Management muss sicherstellen, dass Mitarbeitende nicht nur die nötigen Fähigkeiten erwerben, sondern auch emotional unterstützt werden, um die Herausforderungen von Veränderungsprozessen zu meistern.

Ein zentrales Element erfolgreichen Change Managements ist die Transparenz. Wenn Unternehmen klar und offen über die Gründe für Veränderungen kommunizieren, verstehen die Mitarbeitenden besser, warum Anpassungen notwendig sind. Dies fördert das Vertrauen und sorgt für ein Gefühl von Sicherheit und Orientierung, was wiederum Widerstände verringert. Eine offene Kommunikation trägt dazu bei, dass Mitarbeitende sich stärker mit dem Unternehmen identifizieren und bereit sind, die neuen Prozesse zu akzeptieren und aktiv mitzugestalten.

Ein erfolgreiches Change Management führt nicht nur zu einer effizienteren Organisation, sondern trägt auch zur Förderung einer Unternehmenskultur bei, in der soziale Verantwortung und Effizienz Hand in Hand gehen. Dies ist besonders wichtig in einer Zeit, in der Unternehmen nicht nur ihre internen Prozesse optimieren, sondern auch ihre Verantwortung gegenüber der Gesellschaft wahrnehmen müssen. Unternehmen, die soziale Verantwortung in ihr Change Management integrieren, schaffen ein positives Arbeitsumfeld, fördern Mitarbeitendenengagement und berücksichtigen gesellschaftliche Implikationen. So können sie nicht nur als verantwortungsvolle Akteure in der Gesellschaft agieren, sondern auch ihre internen Prozesse optimieren und gleichzeitig ihre Wettbewerbsfähigkeit sichern.

Integrative Kraft des Change Managements

Die integrative Kraft des Change Managements liegt in der Balance zwischen der Maximierung organisatorischer Effizienz und der Förderung sozialer Verantwortung. Professionelles Change Management ist weit mehr als ein reines Werkzeug zur Effizienzsteigerung. Es stellt einen strategischen Ansatz dar, der sowohl den Erfolg des Unternehmens als auch das Wohlbefinden der Mitarbeitenden und Stakeholder in den Mittelpunkt stellt. Unternehmen, die Change Management ernsthaft implementieren, verstehen, dass Veränderungen nicht nur durch die Einführung neuer Prozesse oder Technologien erreicht werden, sondern vor allem durch die Schaffung einer Unternehmenskultur, die auf Zusammenarbeit, Vertrauen und Transparenz basiert. Laut Kotter (2012) sind diese Elemente ausschlaggebend, um tiefere und nachhaltigere Veränderungen zu erreichen.

Eine solche Unternehmenskultur ermöglicht es, den Mitarbeitenden, nicht nur als disponible „Ressourcen" im Veränderungsprozess betrachtet zu werden, sondern als aktive Teilnehmer und Mitgestalter des Wandels. Wenn Mitarbeitende in den Veränderungsprozess eingebunden werden, fühlen sie sich nicht nur gehört, sondern auch gestärkt und motiviert. Laut McKinsey (2020) führt dies zu einer höheren Akzeptanz und stärkt das langfristige Engagement der Mitarbeitenden, indem es Widerstände abbaut und ein positives Arbeitsumfeld fördert.

Unternehmen, die diese integrative Sichtweise auf Change Management übernehmen, schaffen eine resiliente und anpassungsfähige Organisation. Solche Organisationen sind nicht nur in der Lage, kurzfristige Herausforderungen zu bewältigen, sondern auch zukunftsorientiert zu agieren und sich kontinuierlich an neue Gegebenheiten anzupassen. Diese Fähigkeit zur kontinuierlichen Anpassung ist ein wichtiger Bestandteil erfolgreicher Unternehmen, wie auch Harvard Business Review (2020) betont.

In einer Welt, die sich in rasantem Tempo verändert, können Unternehmen, die diese integrative Herangehensweise an Change Management anwenden, ihre Wettbewerbsfähigkeit sichern und gleichzeitig ihre soziale Verantwortung wahrnehmen. Gemäß PwC (2020) agieren diese Unternehmen nicht nur als effiziente Organisationen, sondern auch als verantwortungsbewusste Arbeitgeber, die den Wandel aktiv gestalten und dabei das Vertrauen und die Unterstützung ihrer Mitarbeitenden und Stakeholder gewinnen. Sie bieten nicht nur wirtschaftlichen Erfolg, sondern tragen auch zur gesellschaftlichen Verantwortung bei, indem sie ein Umfeld schaffen, das sowohl die Anforderungen des Marktes als auch die Bedürfnisse ihrer Mitarbeitenden berücksichtigt.

Diese integrative Perspektive auf Change Management stellt sicher, dass Unternehmen nicht nur kurzfristige Veränderungen erfolgreich umsetzen, sondern auch langfristig als sozial verantwortliche und auf die Bedürfnisse der Mitarbeitenden hin orientierte Organisationen wachsen. Es geht darum, den Wandel nicht nur als technologische Notwendigkeit zu verstehen, sondern als eine kontinuierliche kulturelle und soziale Reise, die es ermöglicht, die Unternehmensziele mit den Erwartungen und Bedürfnissen der Mitarbeitenden und der Gesellschaft in Einklang zu bringen.

7 Anforderungen an Change Management als Beratungsansatz

Der Change-Management-Beratungsansatz hat sich in den letzten Jahren erheblich weiterentwickelt, um den wachsenden und sich wandelnden Anforderungen der Unternehmen gerecht zu werden. Die zunehmende Dynamik von Märkten, technologische Innovationen und steigende Erwartungen an Nachhaltigkeit und soziale Verantwortung haben diesen Wandel beschleunigt. Eine kritische Betrachtung des Ansatzes zeigt mehrere zentrale Aspekte auf. Ein wesentlicher Punkt ist die Fokussierung auf die Menschen im Wandel. Unternehmen haben erkannt, dass technologische und organisatorische Veränderungen nur dann erfolgreich sind, wenn die betroffenen Mitarbeitenden diese aktiv mittragen. Beratungsansätze müssen daher verstärkt auf die Einbindung und Unterstützung der Mitarbeitenden abzielen. Dies umfasst eine klare und transparente Kommunikation, gezielte Schulungsangebote und die aktive Förderung von Resilienz und Veränderungsbereitschaft (Deloitte, 2020).

Die Messbarkeit und Nachhaltigkeit von Ergebnissen ist ein weiterer entscheidender Faktor. Unternehmen erwarten zunehmend, dass Change-Management-Prozesse konkrete, messbare Ergebnisse liefern. Berater:innen sind gefordert, nicht nur Strategien zu entwickeln, sondern auch deren Wirkung zu überwachen und langfristig sicherzustellen, dass die angestrebten Ziele erreicht und nachhaltig verankert werden (Gartner, 2020). Ein zusätzlicher Schwerpunkt liegt auf der Integration von Digitalisierung und Technologie in den Change-Management-Ansatz. Digitale Tools und Plattformen spielen eine immer größere Rolle, sei es bei der Analyse von Veränderungsprozessen, der Kommunikation mit Stakeholdern oder der Umsetzung von Maßnahmen. Berater:innen müssen diese Technologien nicht nur beherrschen, sondern sie sinnvoll und zielgerichtet in ihre Arbeit einbinden.

Die Anpassungsfähigkeit an branchenspezifische Anforderungen wird ebenfalls immer wichtiger. Unternehmen erwarten von Berater:innen ein tiefes Verständnis für die spezifischen Herausforderungen ihrer Branche und maßgeschneiderte Lösungen, die genau auf ihre Bedürfnisse abgestimmt sind. Generalistische Ansätze verlieren in diesem Kontext zunehmend an Bedeutung. Schließlich gewinnt die ethische Verantwortung im Change Management an Bedeutung. Berater:innen müssen sicherstellen, dass ihre Empfehlungen nicht nur ökonomisch effektiv, sondern auch sozial und ökologisch verantwortungsvoll sind. Dies erfordert einen sensiblen Umgang mit den Interessen aller Stakeholder und die Förderung von Veränderungen, die langfristig nachhaltig und gerecht sind.

Der Change-Management-Beratungsansatz ist komplexer und vielschichtiger geworden. Die Anforderungen an Berater:innen umfassen nicht nur Fachwissen und methodische Kompetenz, sondern auch die Fähigkeit, Menschen zu inspirieren, Technologien sinnvoll einzusetzen und ethisch verantwortungsvoll zu handeln. Nur durch eine konsequente Weiterentwicklung und Anpassung an diese Herausforderungen kann Change Management als Beratungsansatz weiterhin erfolgreich bleiben.

Die Notwendigkeit eines maßgeschneiderten Ansatzes

Ein häufig geäußerter Kritikpunkt an Change-Management-Beratungen ist der Einsatz standardisierter Methoden, die die individuellen Bedürfnisse und die spezifische Unternehmenskultur oft unzureichend berücksichtigen (Kotter, 1996; Lagler-Özdemir/Özdemir, 2023). Besonders wächst die Erwartung, dass Beratungsunternehmen maßgeschneiderte Strategien entwickeln, die den einzigartigen Herausforderungen und Zielen eines Unternehmens gerecht werden. Die Vielfalt der Unternehmen, die tätig sind – von multinationalen Konzernen bis hin zu hochspezialisierten Mittelständlern – erfordert Ansätze, die nicht nur auf allgemeine Best Practices zurückgreifen, sondern die spezifischen Rahmenbedingungen und Zielsetzungen jedes Unternehmens in den Mittelpunkt stellen. Eine Organisation, die eine tief verwurzelte „Hierarchiekultur" aufweist, benötigt beispielsweise andere Change-Ansätze als ein Unternehmen, das stark agil und innovationsgetrieben ist (Schein, 2010).

Maßgeschneiderte Change-Management-Strategien ermöglichen es, die Unternehmenskultur, bestehende Prozesse, die Branche sowie die Bedürfnisse der Mitarbeitenden zu berücksichtigen. Dies steigert nicht nur die Akzeptanz der Veränderungsmaßnahmen, sondern erhöht auch die Wahrscheinlichkeit eines nachhaltigen Erfolgs (Beer/Nohria, 2000). Um einen solchen individuellen Ansatz umzusetzen, müssen Beratungsunternehmen eng mit ihren Kunden zusammenarbeiten und in der Lage sein, eine umfassende Analyse der Ausgangssituation durchzuführen. Eine tiefe Einbindung aller relevanten Stakeholder, von der Führungsebene bis hin zu den Mitarbeitenden, ist dabei entscheidend, um ein vollständiges Bild der Herausforderungen und Potenziale zu erhalten (Deloitte, 2020).

Ein maßgeschneiderter Ansatz erfordert zudem Flexibilität seitens der Berater:innen. Statt starrer Methoden müssen dynamische Werkzeuge und Konzepte verwendet werden, die an die spezifischen Bedürfnisse des Unternehmens angepasst werden können (Gartner, 2020). Dies setzt eine hohe methodische Kompetenz und die Bereitschaft voraus, etablierte Ansätze kritisch zu hinterfragen und weiterzuentwickeln. Die zunehmende Nachfrage nach maßgeschneiderten Change-Management-Lösungen zeigt, dass Unternehmen verstärkt Wert auf individuelle Lösungen legen, die genau auf ihre Anforderungen zugeschnitten sind (Hiatt, 2006). Beratungsfirmen, die in der Lage sind, diesen Bedarf zu erfüllen, positionieren sich nicht nur als Partner auf Augenhöhe, sondern schaffen auch die Grundlage für langfristige und vertrauensvolle Zusammenarbeit.

Die zunehmende Komplexität von Unternehmen und Märkten erfordert eine hohe Individualisierung von Change-Management-Strategien. Während ein Großkonzern mit einer stark hierarchischen Struktur andere Herausforderungen hat als ein agiles Startup, benötigen beide Unternehmen maßgeschneiderte Lösungen, um ihre spezifischen Ziele zu erreichen. Durch die Nutzung von digitalen Tools wie Datenanalysen können Berater tiefgreifende Einblicke in die individuellen Bedürfnisse und Herausforderungen ihrer Kunden gewinnen. Dies ermöglicht es, maßgeschneiderte Veränderungsprozesse zu entwickeln, die auf die spezifische Unternehmenskultur und die individuellen Fähigkeiten der Mitarbeitenden abgestimmt sind.

Ein Beispiel hierfür ist die Entwicklung von individuellen Lernpfaden, die den unterschiedlichen Bedürfnissen der Mitarbeitenden gerecht werden. Darüber hinaus können agile Methoden wie Scrum oder Kanban dazu beitragen, die Flexibilität und Anpassungsfähigkeit von Change-Management-Projekten zu erhöhen und sicherzustellen, dass die Lösungen auch in einem dynamischen Umfeld wirksam bleiben.

Die Bedeutung der Mitarbeitenden im Change Management

Ein zentraler Erfolgsfaktor für Change-Management-Projekte ist die aktive Einbindung der Mitarbeitenden. Im Markt wächst die Erwartung, dass Beratungsansätze nicht nur strategisch fundiert, sondern auch partizipativ gestaltet sind und eine offene Kommunikation fördern (Kotter, 1996). Projekte scheitern häufig, wenn die Perspektiven der Mitarbeitenden ignoriert oder sie nicht aktiv in den Veränderungsprozess eingebunden werden (Beer/Nohria, 2000). Partizipation und Kommunikation sind wesentliche Bausteine eines erfolgreichen Change Managements. Mitarbeitende wollen verstehen, warum Veränderungen notwendig sind, wie sie umgesetzt werden und welche Auswirkungen sie auf ihren Arbeitsalltag haben (Hiatt, 2006).

Ein partizipativer Ansatz, der die Mitarbeitenden nicht nur informiert, sondern ihre Perspektiven und Ideen in den Entscheidungsprozess einfließen lässt, stärkt deren Identifikation mit den Zielen des Wandels. Offene und transparente Kommunikation schafft Vertrauen, minimiert Unsicherheiten und reduziert Widerstände (Gartner, 2020). Zusätzlich zur Partizipation ist die Schulung und Weiterentwicklung der Mitarbeitenden ein entscheidender Aspekt für die Nachhaltigkeit von Veränderungsprozessen. Neue Technologien, Prozesse oder Strukturen erfordern oft zusätzliche Kompetenzen, die nicht von heute auf morgen verfügbar sind. Beratungsfirmen, die diesen Schulungsbedarf nicht ausreichend berücksichtigen, riskieren, dass Veränderungen nicht nachhaltig umgesetzt werden können (Deloitte, 2020).

Die Einbeziehung der Mitarbeitenden ist nicht nur ein Zeichen von Wertschätzung, sondern auch eine strategische Notwendigkeit, um die Akzeptanz und den langfristigen Erfolg von Change-Projekten sicherzustellen. Beratungsansätze, die Partizipation, Kommunikation sowie Schulung und Entwicklung in den Mittelpunkt stellen, schaffen eine solide Grundlage für eine erfolgreiche und nachhaltige Transformation. Unternehmen, die ihre Mitarbeitenden als aktive Mitgestaltende des Wandels einbeziehen, stärken nicht nur die Umsetzungskompetenz, sondern fördern auch eine Kultur der Veränderungsbereitschaft und des gemeinsamen Lernens (Kotter, 1996; Gartner, 2020).

Eine entscheidende Rolle bei der erfolgreichen Umsetzung von Veränderungsprozessen spielen Führungskräfte. Sie müssen als Vorbilder fungieren und die Mitarbeitenden aktiv in den Wandel einbeziehen. Durch offene Kommunikation, transparente Entscheidungen und eine klare Vision können Führungskräfte das Vertrauen der Mitarbeitenden gewinnen und ihre Bereitschaft zur Veränderung fördern. Zudem ist es wichtig, dass Führungskräfte selbst bereit sind, sich weiterzuentwickeln und neue Wege zu gehen. Coaching-Programme können dabei helfen, Führungskräfte auf ihre neue Rolle vorzubereiten und sie zu befähigen, ihre Teams erfolgreich durch den Veränderungsprozess zu führen.

Nachhaltige Wirkung im Change Management

Ein zentraler Aspekt des Change Managements ist die Frage nach der Nachhaltigkeit und der langfristigen Wirkung von Veränderungsprozessen. Es wächst der Wunsch, dass Change Management nicht nur auf schnelle Ergebnisse abzielt, sondern tiefgreifende und dauerhafte Verbesserungen erzielt. Dem steht auf der anderen Seite der Kosten- und Budgetdruck gegenüber. Change-Management-Prozesse sollen nicht zu kostenintensiv sein. Ein häufiger Kritikpunkt ist der kurzfristige Fokus vieler Change-Management-Beratungen. Zu oft stehen schnelle Erfolge im Vordergrund, etwa das Erreichen von kurzfristigen Kosteneinsparungen oder das rasche Einführen neuer Prozesse, ohne die langfristigen Konsequenzen ausreichend zu berücksichtigen. Unternehmen erwarten jedoch zunehmend, dass Veränderungen so implementiert werden, dass sie nachhaltigen Mehrwert schaffen und die Organisation langfristig stärken. Dies erfordert eine strategische Perspektive, die den gesamten Lebenszyklus der Veränderung berücksichtigt – von der Planung über die Umsetzung bis zur Verankerung der Ergebnisse im Arbeitsalltag (Gartner, 2020).

Um nachhaltige Wirkung zu erzielen, müssen Beratungsfirmen Ansätze entwickeln, die weit über die reine Implementierung von Veränderungen hinausgehen. Dies bedeutet, dass Veränderungen nicht nur einmalig eingeführt, sondern dauerhaft in die Struktur und Kultur eines Unternehmens integriert werden müssen. Ein erfolgreicher Beratungsansatz erfordert eine ganzheitliche Perspektive, die sowohl die organisatorischen als auch die kulturellen Aspekte von Veränderungsprozessen berücksichtigt. Ein zentraler Bestandteil ist die Verankerung von neuen Praktiken. Damit Veränderungen langfristig erfolgreich sind, müssen sie in die bestehenden Arbeitsweisen und Routinen integriert werden. Dies gewährleistet, dass die Veränderungen nicht als kurzfristige Initiative wahrgenommen werden, sondern als dauerhafter Bestandteil der Unternehmensstruktur. Nur wenn neue Prozesse und Verhaltensweisen fest in den täglichen Arbeitsabläufen verankert sind, können sie ihre volle Wirkung entfalten (Schein, 2010).

Zusätzlich spielt die Begleitung des kulturellen Wandels eine entscheidende Rolle. Beratungsansätze sollten darauf abzielen, eine Kultur der Offenheit, Zusammenarbeit und Lernbereitschaft zu fördern, die Veränderungen langfristig unterstützt. Eine Kultur, die Veränderungen als Chance begreift und die Mitarbeitenden aktiv in den Prozess einbezieht, trägt maßgeblich dazu bei, die Transformation erfolgreich und nachhaltig zu gestalten (Kotter, 1996). Veränderung kann nur dann langfristig bestehen, wenn sie von allen Ebenen der Organisation mitgetragen wird und eine positive, lernorientierte Haltung gegenüber neuen Herausforderungen etabliert wird.

Die langfristige Erfolgsmessung ist ebenfalls ein entscheidender Faktor für nachhaltige Veränderungen. Unternehmen müssen regelmäßige Überprüfungen und Anpassungen vornehmen, um sicherzustellen, dass die gesetzten Ziele auch langfristig erreicht werden. Ein einmal durchgeführter Veränderungsprozess ist keine Garantie für zukünftigen Erfolg. Die kontinuierliche Erfolgsmessung und die Anpassung an neue Gegebenheiten stellen sicher, dass die Veränderungen nicht nur kurzfristig wirksam sind, sondern langfristig einen nachhaltigen Mehrwert für das Unternehmen bieten (Deloitte, 2020).

Um eine nachhaltige Veränderung zu gewährleisten, müssen Unternehmen nicht nur kurzfristige Ziele verfolgen, sondern eine langfristige Vision entwickeln. Diese Vision sollte auf den Sustainable Development Goals (SDG) der Vereinten Nationen basieren und in die gesamte Unternehmensstrategie integriert werden. Durch die Entwicklung spezifischer Nachhaltigkeitsziele und die Definition entsprechender Key Performance Indicators (KPI) können Unternehmen den Fortschritt ihrer Nachhaltigkeitsbemühungen messen und transparent kommunizieren. Darüber hinaus ist es wichtig, die Mitarbeitende für das Thema Nachhaltigkeit zu sensibilisieren und zu befähigen, aktiv zur Erreichung der Ziele beizutragen. Dies kann durch Schulungen, Workshops und die Schaffung von Beteiligungsmöglichkeiten erreicht werden.

Digitalisierung im Change Management

Der digitale Wandel ist eine der zentralen Herausforderungen für Unternehmen und hat erhebliche Auswirkungen auf die Anforderungen an Berater:innen. Die Fähigkeit, technologische Aspekte in Veränderungsprozesse zu integrieren, ist nicht mehr optional, sondern eine Grundvoraussetzung für zeitgemäße Beratungsansätze. Die Digitalisierung verlangt nicht nur technische Anpassungen, wie die Einführung neuer Systeme oder Prozesse, sondern auch tiefgreifende kulturelle und organisatorische Veränderungen. Berater:innen müssen daher in der Lage sein, Unternehmen sowohl bei der technischen Implementierung als auch bei der Anpassung von Arbeitsweisen, Führungsmodellen und Unternehmenskultur zu unterstützen (Gartner, 2020).

Besonders kritisch wird betrachtet, ob Berater:innen über die nötige Expertise verfügen, um diese beiden Ebenen – die technologische und die kulturelle – ganzheitlich zu begleiten. Eine reine Fokussierung auf technische Aspekte führt oft dazu, dass Mitarbeitende sich nicht mitgenommen fühlen, was die Nachhaltigkeit der Veränderungen gefährdet. Studien zeigen, dass digitale Transformationen oft an mangelnder Mitarbeitendeneinbindung scheitern, da die kulturellen und sozialen Dimensionen des Wandels unberücksichtigt bleiben (Hiatt, 2006). Ein weiterer Schlüsselelement moderner Change-Management-Ansätze ist die Nutzung von datengestützten Entscheidungen. Datenanalysen und digitale Tools spielen eine immer größere Rolle bei der Planung, Steuerung und Messung von Veränderungsprozessen. Sie ermöglichen eine fundierte Bewertung von Ausgangslagen, eine präzisere Erfolgsmessung und eine frühzeitige Identifikation von Risiken (Deloitte, 2020).

Unternehmen erwarten von ihren Berater:innen, dass sie nicht nur mit den neuesten Technologien vertraut sind, sondern auch die Daten interpretieren und Handlungsempfehlungen ableiten können, die zur spezifischen Unternehmenssituation passen. Um diesen Anforderungen gerecht zu werden, müssen Beratungsfirmen ihre Kompetenzen in den Bereichen Technologie und Datenanalyse kontinuierlich ausbauen. Gleichzeitig ist es essenziell, die Mitarbeitenden der Unternehmen in die Nutzung neuer Tools einzubeziehen, um Akzeptanz und Effektivität zu gewährleisten (Kotter, 1996). Die erfolgreiche Integration von Technologie und Digitalisierung in Change-Management-Prozesse erfordert daher eine ganzheitliche Perspektive, die technische Expertise mit kultureller Sensibilität verbindet. Beratungsunternehmen, die diesen Ansatz verfolgen, positionieren sich als kompetente Partner für Unternehmen, die den digitalen Wandel erfolgreich gestalten und nachhaltig in ihre Organisation integrieren möchten.

Die Integration von digitalen Technologien in Change-Management-Projekten erfordert eine enge Zusammenarbeit zwischen Menschen und Maschinen. Während KI-basierte Tools bei der Analyse großer Datenmengen und der Identifizierung von Mustern helfen können, ist es die Aufgabe von Berater:innen, diese Erkenntnisse zu interpretieren und in konkrete Handlungsempfehlungen umzusetzen. Die Kombination von menschlichen Fähigkeiten wie Kreativität, Empathie und kritischem Denken mit den Möglichkeiten der künstlichen Intelligenz ermöglicht es, innovative und maßgeschneiderte Lösungen zu entwickeln. Ein Beispiel hierfür ist der Einsatz von Chatbots, die Kunden bei der Beantwortung häufig gestellter Fragen unterstützen und somit die Mitarbeitenden entlasten. Gleichzeitig können Berater so mehr Zeit für komplexe Aufgaben und die Entwicklung von strategischen Lösungen aufwenden.

Change Management als kontinuierlicher Prozess

Der traditionelle Ansatz, der Change Management als einen einmaligen und abgeschlossenen Prozess zu betrachten, wird zunehmend kritisch hinterfragt. In einer sich stetig wandelnden Wirtschaftswelt erwarten Unternehmen, dass Change Management vielmehr als ein kontinuierlicher Prozess verstanden wird, der flexible Anpassungen und iterative Verbesserungen ermöglicht (Kotter, 1996). Die kontinuierliche Anpassung wird immer wichtiger, da dynamische Marktbedingungen, technologische Innovationen und interne Entwicklungen Unternehmen vor ständig neue Herausforderungen stellen. Ein statischer Change-Management-Ansatz, der allein auf das Erreichen eines definierten Endziels abzielt, wird diesen Anforderungen nicht gerecht. Stattdessen müssen Change-Prozesse so gestaltet sein, dass sie sich flexibel an veränderte Rahmenbedingungen anpassen lassen (Gartner, 2020).

Change-Management-Berater:innen sind gefordert, Organisationen nicht nur bei der Initiierung von Veränderungen zu unterstützen, sondern auch Strukturen und Fähigkeiten zu fördern, die eine kontinuierliche Weiterentwicklung ermöglichen. Ein zentraler Bestandteil dieses Ansatzes sind Feedbackschleifen und iterative Prozesse, die den Erfolg von Maßnahmen fortlaufend bewerten und anpassen. Durch regelmäßige Feedbackmechanismen können potenzielle Hindernisse frühzeitig identifiziert und adressiert werden (Deloitte, 2020). Iterative Anpassungen der Maßnahmen stellen sicher, dass die angestrebten Ziele erreicht und nachhaltig verankert werden. Dieser Ansatz erfordert ein hohes Maß an Flexibilität und die Bereitschaft, auf unerwartete Herausforderungen agil zu reagieren.

Berater:innen, die Change Management als kontinuierlichen Prozess gestalten, setzen verstärkt auf Datenanalysen und digitale Tools, um Feedback effizient zu sammeln und auszuwerten. Gleichzeitig legen sie großen Wert auf die Einbindung von Mitarbeitenden und Führungskräften, da deren Rückmeldungen entscheidend für die Feinjustierung der Maßnahmen sind (Hiatt, 2006). Dieser fortschrittliche Change-Management-Ansatz trägt dazu bei, dass Unternehmen nicht nur auf aktuelle Herausforderungen reagieren, sondern eine langfristige Veränderungsfähigkeit entwickeln. Beratungsfirmen, die in der Lage sind, iterative und kontinuierliche Prozesse zu implementieren, positionieren sich als wertvolle Partner für Organisationen, die in einer dynamischen Umgebung erfolgreich agieren wollen. Change Management wird damit nicht nur zu einem Mittel zur Problemlösung, sondern zu einem strategischen Instrument, das Unternehmen nachhaltig stärkt.

Ein kontinuierlicher Change-Management-Ansatz erfordert kontinuierliches Lernen und Anpassungsfähigkeit. Dies bedeutet, dass Unternehmen bereit sein müssen, ihre Prozesse, Strukturen und Strategien regelmäßig zu überprüfen und anzupassen. Agile Methoden wie Scrum oder Kanban können dabei helfen, eine flexible und reaktionsfähige Organisationskultur zu etablieren. Durch kurze Iterationszyklen und die enge Zusammenarbeit von Teams können Unternehmen schnell auf Veränderungen reagieren und neue Ideen testen. Darüber hinaus können digitale Tools wie Projektmanagement-Software und Kollaborationsplattformen die Zusammenarbeit erleichtern und die Transparenz von Veränderungsprozessen erhöhen.

Der interdisziplinäre Ansatz im Change Management

Der Erfolg von Change-Management-Prozessen hängt zunehmend von einem interdisziplinären Ansatz ab, der die Integration unterschiedlicher Fachbereiche wie IT, HR und Finanzen umfasst. Diese ganzheitliche Zusammenarbeit ermöglicht es, die komplexen Anforderungen moderner Unternehmen zu bewältigen und Veränderungen effektiv zu gestalten. Eine interdisziplinäre Herangehensweise ist besonders wichtig, da Veränderungen selten nur einen einzelnen Bereich betreffen. Technologische Implementierungen erfordern beispielsweise nicht nur IT-Know-how, sondern auch Anpassungen in Prozessen, Mitarbeitendenentwicklung und finanzieller Planung (Beer/Nohria, 2000). Gelingt die Integration dieser Perspektiven nicht, können wichtige Wechselwirkungen übersehen werden, was die Nachhaltigkeit und Wirksamkeit des Change Managements gefährdet.

In der Praxis zeigt sich jedoch, dass einige Beratungsfirmen Schwierigkeiten haben, diese Integration effektiv umzusetzen. Dies liegt häufig daran, dass sie entweder über keine ausreichend breit aufgestellten Teams verfügen oder der interdisziplinären Zusammenarbeit nicht die notwendige Priorität einräumen. Statt einer koordinierten Abstimmung zwischen den Fachbereichen wird häufig in

Silos gearbeitet, was zu ineffizienten Prozessen und widersprüchlichen Maßnahmen führen kann.

Um nachhaltige Wirkung zu erzielen, müssen Beratungsfirmen Ansätze entwickeln, die weit über die reine Implementierung von Veränderungen hinausgehen. Dies bedeutet, dass Veränderungen nicht nur einmalig eingeführt, sondern dauerhaft in die Struktur und Kultur eines Unternehmens integriert werden müssen. Ein erfolgreicher Beratungsansatz erfordert eine ganzheitliche Perspektive, die sowohl die organisatorischen als auch die kulturellen Aspekte von Veränderungsprozessen berücksichtigt (Kotter, 2012).

Ein zentraler Bestandteil ist die Verankerung von neuen Praktiken. Damit Veränderungen langfristig erfolgreich sind, müssen sie in die bestehenden Arbeitsweisen und Routinen integriert werden. Dies gewährleistet, dass die Veränderungen nicht als kurzfristige Initiative wahrgenommen werden, sondern als dauerhafter Bestandteil der Unternehmensstruktur. Nur wenn neue Prozesse und Verhaltensweisen fest in den täglichen Arbeitsabläufen verankert sind, können sie ihre volle Wirkung entfalten. Zusätzlich spielt die Begleitung des kulturellen Wandels eine entscheidende Rolle. Beratungsansätze sollten darauf abzielen, eine Kultur der Offenheit, Zusammenarbeit und Lernbereitschaft zu fördern, die Veränderungen langfristig unterstützt (Schein, 2010). Eine Kultur, die Veränderungen als Chance begreift und die Mitarbeitenden aktiv in den Prozess einbezieht, trägt maßgeblich dazu bei, die Transformation erfolgreich und nachhaltig zu gestalten. Veränderung kann nur dann langfristig bestehen, wenn sie von allen Ebenen der Organisation mitgetragen wird und eine positive, lernorientierte Haltung gegenüber neuen Herausforderungen etabliert wird.

Die langfristige Erfolgsmessung ist ebenfalls ein entscheidender Faktor für nachhaltige Veränderungen. Unternehmen müssen regelmäßige Überprüfungen und Anpassungen vornehmen, um sicherzustellen, dass die gesetzten Ziele auch langfristig erreicht werden. Ein einmal durchgeführter Veränderungsprozess ist keine Garantie für zukünftigen Erfolg. Die kontinuierliche Erfolgsmessung und die Anpassung an neue Gegebenheiten stellen sicher, dass die Veränderungen nicht nur kurzfristig wirksam sind, sondern langfristig einen nachhaltigen Mehrwert für das Unternehmen bieten (Hiatt, 2006).

Ein gutes Beispiel für eine erfolgreiche interdisziplinäre Zusammenarbeit ist die Entwicklung einer neuen digitalen Plattform. Hier müssen IT-Expert:innen die technische Umsetzung gewährleisten, während HR-Spezialisten sicherstellen, dass die Mitarbeitenden für die neue Technologie geschult und befähigt werden. Finanzabteilungen sind für die Kostenkalkulation und die Bewertung des ROI verantwortlich. Um eine erfolgreiche Umsetzung zu gewährleisten, müssen alle Beteiligten eng zusammenarbeiten und ihre jeweiligen Perspektiven einbringen. Agile Methoden wie Scrum können dabei helfen, die Zusammenarbeit zu fördern und schnell auf Veränderungen zu reagieren.

Herausforderungen und Erfolgsfaktoren

Der Change-Management-Beratungsansatz steht unter stetigem Anpassungsdruck, da Unternehmen mit immer komplexeren Herausforderungen konfrontiert sind. Kritisch betrachtet besteht die Gefahr, dass standardisierte oder unflexible Ansätze den spezifischen und dynamischen Bedürfnissen moderner Organisationen nicht gerecht werden. Dies kann dazu führen, dass Veränderungsprozesse nicht die gewünschten Ergebnisse erzielen oder langfristig nicht verankert werden.

Um dieser Problematik zu begegnen, müssen erfolgreiche Beratungsfirmen auf maßgeschneiderte Ansätze setzen. Jedes Unternehmen ist einzigartig in Bezug auf seine Struktur, Kultur und Ziele, weshalb individuelle Lösungen entwickelt werden müssen, die genau auf diese Eigenheiten abgestimmt sind. Ein „One-size-fits-all"-Ansatz wird als unzureichend wahrgenommen. Ebenso ist Nachhaltigkeit ein entscheidender Faktor. Veränderungen sollten nicht nur kurzfristige Erfolge erzielen, sondern auch langfristig wirksam sein. Dies erfordert eine strategische Perspektive, die nicht nur die Umsetzung, sondern auch die Verankerung von Veränderungen in der Unternehmenskultur und den täglichen Abläufen umfasst.

Die Integration von Technologie ist ein weiterer Schlüssel zum Erfolg. Moderne Unternehmen erwarten von Change-Management-Berater:innen, dass sie digitale Tools und datenbasierte Methoden nutzen, um den Prozess effizienter zu gestalten und den Fortschritt messbar zu machen. Dies reicht von der Analyse der Ausgangssituation über die Steuerung der Maßnahmen bis hin zur Erfolgskontrolle.

Die digitale Transformation stellt Unternehmen vor die Herausforderung, ihre Arbeitsweise grundlegend zu verändern. Um diesen Wandel erfolgreich zu gestalten, ist es entscheidend, die Mitarbeitenden mitzunehmen. Neben technischen Schulungen ist es daher wichtig, die emotionalen Aspekte der Veränderung zu berücksichtigen. Führungskräfte spielen hierbei eine Schlüsselrolle. Sie müssen als Vorbilder fungieren und ihre Mitarbeitende aktiv in den Veränderungsprozess einbeziehen. Durch offene Kommunikation, transparente Entscheidungen und die Schaffung eines sicheren Umfelds können Ängste abgebaut und die Akzeptanz für Veränderungen gefördert werden. Zudem sollten Unternehmen darauf achten, dass die digitale Transformation nicht nur zu Effizienzsteigerungen führt, sondern auch zu einer Verbesserung der Arbeitsbedingungen und zur Förderung von Innovation beiträgt.

Veränderungen sind mehr als nur rationale Entscheidungen – sie sind tief in den emotionalen Prozessen der Mitarbeitenden verankert. Ängste, Widerstände und Unsicherheiten müssen ernst genommen und proaktiv adressiert werden. Laut einer Studie von Prosci (2020) sind emotionale Reaktionen oft der Hauptgrund für Widerstände gegen Veränderungen. Change-Management-Berater:innen müssen daher sicherstellen, dass sie die emotionalen Bedürfnisse der Mitarbeitenden in den Veränderungsprozess integrieren. Dies erfordert transparente Kommunikation, aktive Einbindung und die Förderung von Resilienz. Führungskräfte nehmen hierbei eine Schlüsselrolle ein: Sie fungieren als Vorbilder und Treiber des Wandels. Ihre Fähigkeit, Mitarbeitende zu motivieren, Vertrauen aufzubauen und sie aktiv in den Prozess einzubeziehen, ist entscheidend, um Veränderungen nachhaltig zu gestalten (Hiatt, 2006).

Die Digitalisierung der Arbeitswelt stellt eine weitere Herausforderung dar. Die Einführung neuer Technologien erfordert nicht nur technische Schulungen, sondern auch eine Anpassung der Unternehmenskultur. Technologie und menschliche Fähigkeiten müssen Hand in Hand gehen. Technologie kann Prozesse effizienter gestalten, doch menschliche Kreativität, Empathie und die Fähigkeit zur Problemlösung sind unersetzlich.

Ein weiterer zunehmend wichtiger Aspekt im Change Management ist die Integration von Nachhaltigkeit und sozialen Verantwortung in die Unternehmensstrategie. ESG-Kriterien (Environmental, Social, Governance) sind nicht nur ein regulatorisches Thema, sondern auch ein strategischer Erfolgsfaktor. Unternehmen, die ihre Change-Management-Prozesse an diesen Kriterien ausrichten, verbessern nicht nur ihre gesellschaftliche Verantwortung, sondern steigern auch ihre langfristige Wettbewerbsfähigkeit. Change-Management-Prozesse können so gestaltet werden, dass sie zur Erreichung der SDG beitragen und Unternehmen helfen, ihre sozialen und ökologischen Ziele zu erreichen (UN Global Compact, 2021).

Angesichts der zunehmenden Unvorhersehbarkeit von Märkten und externen Krisen ist Resilienz ein weiteres zentrales Thema. Ein Change-Management-Prozess muss in der Lage sein, flexibel und agil auf unerwartete Ereignisse zu reagieren. Agilität bedeutet nicht nur die Fähigkeit, schnell zu handeln, sondern auch die Fähigkeit, sich kontinuierlich anzupassen. Laut einer Studie von Deloitte (2021) ist Agilität der Schlüssel, um in einem sich ständig verändernden Umfeld wettbewerbsfähig zu bleiben. Unternehmen müssen nicht nur in der Lage sein, Veränderungen umzusetzen, sondern auch sicherstellen, dass sie langfristig in der Lage sind, kontinuierlich zu lernen und sich weiterzuentwickeln.

8 Theoretische Fundierung des Change Managements

Change Management basiert auf einem breiten Spektrum an theoretischen Konzepten und Ansätzen, die eine fundierte Grundlage für die erfolgreiche Umsetzung von Veränderungen in Organisationen bieten.

Grundlegende Modelle

Die Werke von Kurt Lewin, einem der Pioniere der Change-Management-Theorie, sind dabei von zentraler Bedeutung. Lewins 3-Phasen-Modell – bestehend aus Unfreeze (Auftauen), Change (Veränderung) und Refreeze (Einfrieren) – stellt einen der ersten systematischen Ansätze dar, um Veränderungen in Organisationen zu strukturieren und dauerhaft zu verankern. Die Phasen reflektieren die Notwendigkeit, alte Denk- und Verhaltensmuster zu hinterfragen, Veränderungen zu ermöglichen und diese anschließend in der Unternehmenskultur zu festigen.

Ein weiteres grundlegendes Modell ist das ADKAR-Modell von Jeff Hiatt, das die fünf Schlüsselbausteine für erfolgreichen Wandel beschreibt: Awareness (Bewusstsein), Desire (Wunsch), Knowledge (Wissen), Ability (Fähigkeit) und Reinforcement (Verstärkung). Dieses Modell legt besonderen Fokus auf die individuelle Ebene der Veränderung, indem es darstellt, wie Organisationen sicherstellen können, dass alle Beteiligten den Wandel verstehen, ihn wollen, die nötigen Fähigkeiten entwickeln und schließlich durch kontinuierliche Verstärkung nachhaltig in ihre Arbeitsweise integrieren.

Ein weiteres zentrales Modell ist John Kotters 8-Stufen-Prozess, der die Phasen eines Veränderungsprojekts in klar definierte Schritte unterteilt. Dieser Prozess hilft dabei, Change-Projekte strukturiert umzusetzen und die Mitarbeitenden auf jeder Ebene in den Wandel einzubinden. Kotter betont unter anderem die Notwendigkeit einer klaren Vision, die Schaffung von Dringlichkeit und die Etablierung einer Veränderungsführung, um die gesamte Organisation zu mobilisieren.

Ergänzende Modelle

Ergänzend zu diesen klassischen Modellen sind die Arbeiten von Ronald Heifetz, Chris Argyris und William Bridges entscheidend für ein tieferes Verständnis der menschlichen und sozialen Dimensionen des Change Managements. Diese theoretischen Ansätze und Konzepte bieten ein tiefes Verständnis für die verschiedenen Dimensionen des Change Managements. Sie zeigen, dass erfolgreiche Veränderungsprozesse nicht nur durch technologische oder strategische Anpassungen, sondern auch durch eine bewusste Auseinandersetzung mit den menschlichen, emotionalen und kulturellen Aspekten des Wandels erreicht werden können. Sie verdeutlichen, dass Change Management nicht nur als eine technische Aufgabe, sondern als eine ganzheitliche und integrative Disziplin zu betrachten ist, die sowohl die Organisation als auch ihre Mitarbeitenden in den Mittelpunkt stellt.

Unternehmen als soziotechnische Systeme

Der soziotechnische Systemansatz stellt eine entscheidende Perspektive dar, um Unternehmen dabei zu unterstützen, ihre Produktivitätsziele zu erreichen, indem sowohl das soziale als auch das technische Subsystem gleichwertig berücksichtigt werden. Dieser integrative Ansatz fördert nicht nur die Effizienzsteigerung, sondern auch die Erreichung von Qualitäts- und Kostenführerschaft in verschiedenen Geschäftsbereichen. In der Praxis zeigt sich, dass Unternehmen, die ihre sozialen und technischen Prozesse gleichzeitig optimieren, nicht nur wirtschaftlich erfolgreicher sind, sondern auch eine gesündere Unternehmenskultur entwickeln, die Innovation und Anpassungsfähigkeit fördert (Trist, 1981).

Ein zentrales Element dieses Ansatzes ist die gleichzeitige Verbesserung der sozialen und technischen Systeme innerhalb eines Unternehmens. Hierbei müssen Unternehmen nicht nur in Technologie investieren, sondern auch in die "weichen" Faktoren wie Führung, Kommunikation und Mitarbeitendeneinbindung. Laut einer Studie von Deloitte (2019) hängt der Erfolg von Change-Management-Initiativen maßgeblich davon ab, wie gut Führungskräfte den Wandel aktiv unterstützen. Führungskräfte, die als „Change Champions" fungieren, spielen eine Schlüsselrolle bei der Implementierung und Unterstützung von Veränderungsprozessen. Ohne ihre aktive Unterstützung und das Engagement der Belegschaft könnte der Transformationsprozess ins Stocken geraten oder gar scheitern.

Um die Effizienz zu maximieren, müssen Unternehmen sicherstellen, dass sowohl das soziale Subsystem als auch die technischen Systeme kontinuierlich optimiert werden. Dies erfordert eine enge Zusammenarbeit zwischen den verschiedenen Abteilungen und eine klare Kommunikationsstrategie, die die Bedeutung des Wandels für das gesamte Unternehmen verdeutlicht. Studien von Kotter (1996) und anderen zeigen, dass Unternehmen, die Change Management als ganzheitlichen Prozess betrachten, bessere Ergebnisse in Bezug auf Mitarbeitendenmotivation, Innovationsfähigkeit und langfristigen Geschäftserfolg erzielen.

Ein wichtiger Aspekt dieses soziotechnischen Ansatzes ist die Förderung einer agilen Arbeitskultur, die es Unternehmen ermöglicht, flexibel auf Veränderungen zu reagieren und kontinuierliche Verbesserungen zu erzielen. Agilität ist ein Schlüsselfaktor, um Unternehmen in einem dynamischen Marktumfeld wettbewerbsfähig zu halten. Durch die Einführung agiler Methoden können Unternehmen die Selbstorganisation von Teams unterstützen, die Zufriedenheit der Mitarbeitenden steigern und Innovationen vorantreiben. Laut einer McKinsey-Studie (2020) führt die Anwendung agiler Prinzipien in Unternehmen nicht nur zu einer höheren Innovationsrate, sondern auch zu einer signifikanten Steigerung der Mitarbeitendenmotivation und -bindung.

Das Menschenbild des soziotechnischen Systemansatzes bildet eine fundamentale Säule in der Gestaltung von Arbeits- und Organisationsstrukturen. Obwohl die ursprünglichen Forscher kein explizites Menschenbild formulierten, lassen sich aus ihren Arbeiten wesentliche Annahmen über die Natur und Motivation von Menschen ableiten. Im Mittelpunkt steht die Überzeugung, dass die erfolgreiche Ausführung einer Primäraufgabe eine bedeutende Quelle der Zufriedenheit für die Mitarbeitenden darstellt, wodurch die Arbeit selbst zu einem zentralen Motivationsfaktor wird.

Die Grundannahme des soziotechnischen Systemansatzes ist, dass Menschen soziale Wesen sind, deren Bedürfnisse im Arbeitskontext berücksichtigt werden müssen, um Motivation und Engagement zu fördern. Dazu zählen das Bedürfnis nach sinnvoller, herausfordernder und abwechslungsreicher Arbeit, die Möglichkeit zum Lernen und zur Weiterentwicklung am Arbeitsplatz, ausreichende Entscheidungsfreiheit und Verantwortung sowie das Bedürfnis nach sozialer Anerkennung. Aus diesen Annahmen lässt sich ableiten, was die Grundlage für die Prinzipien einer guten Arbeitspraxis nach dem soziotechnischen Systemansatz bildet. Diese Prinzipien betonen, dass Arbeitsinhalte anspruchsvoll und abwechslungsreich gestaltet sein sollten, Lernmöglichkeiten bieten, angemessene Entscheidungs- und Handlungsspielräume eröffnen und die Übernahme von Verantwortung ermöglichen. Zentral ist hierbei auch das Bedürfnis nach sozialer Anerkennung, welches eng mit dem Streben nach persönlichem Wachstum und einer lebenswerten Zukunft verbunden ist.

Adaptive Leadership von Ronald Heifetz

Die Hervorhebung des Ansatzes von Ronald Heifetz zur theoretischen Fundierung des Change Managements liegt darin begründet, dass dieser ein tiefes Verständnis für die dynamischen und oft unsicheren Herausforderungen von Veränderungsprozessen vermittelt. In einer Zeit, in der Organisationen ständig mit komplexen und nicht immer vorhersehbaren Veränderungen konfrontiert sind, fordert dieser Ansatz Führungskräfte auf, nicht nur technische Lösungen zu implementieren, sondern auch eine Kultur des Lernens und der Anpassung zu fördern. Heifetz' Konzept bietet eine wertvolle Perspektive, um Führungskräfte als aktive Gestalter des Wandels zu verstehen, die in der Lage sind, ihre Organisationen durch unsichere Zeiten zu führen und die Mitarbeitenden in den Veränderungsprozess einzubeziehen.

Heifetz unterscheidet zwischen technischen und adaptiven Herausforderungen. Technische Probleme sind solche, die mit vorhandenem Wissen und etablierten Prozessen gelöst werden können. Sie sind in der Regel klar definiert und lassen sich durch einfache Lösungen beheben. Adaptive Herausforderungen hingegen betreffen die Fundamente der Organisation: sie stellen Werte, Überzeugungen und Verhaltensweisen infrage und erfordern neue Denkweisen und innovative Lösungen. Im Kontext des Change Managements bedeutet dies, dass Führungskräfte nicht nur die Verantwortung für die Lösung von Problemen übernehmen sollten, sondern vor allem den Wandel aktiv gestalten müssen. Sie sollten ihre Organisationen dabei unterstützen, neue Lernprozesse zu entwickeln, die es ermöglichen, sich an veränderte Rahmenbedingungen anzupassen. Dies geht weit über die Implementierung von Technologien oder Prozessen hinaus und umfasst eine tiefgreifende Auseinandersetzung mit der Organisationskultur und den individuellen und kollektiven Überzeugungen der Mitarbeitenden.

Heifetz betont, dass adaptive Herausforderungen nicht allein durch Befehlsstrukturen oder technische Lösungen gemeistert werden können. Sie erfordern eine kollaborative Herangehensweise, bei der die Mitarbeitenden aktiv in den Veränderungsprozess eingebunden werden. Führungskräfte müssen als Facilitators fungieren, die den Lern- und Anpassungsprozess leiten und unterstützen. Dies erfordert von ihnen nicht nur eine klare Vision, sondern auch die Bereitschaft, Unsicherheit und Widerstände zu akzeptieren und aktiv zu managen. In der Praxis bedeutet dies, dass Führungskräfte in einem Change-Management-Prozess offen für Feedback sein müssen und die Lernfähigkeit der Organisation fördern sollten. Sie müssen nicht nur Lösungen vorschlagen, sondern auch die Mitarbeitenden dazu anregen, neue Perspektiven einzunehmen und gemeinsam an der Entwicklung von Lösungen zu arbeiten.

Ein zentraler Aspekt von Adaptive Leadership ist es, eine Kultur des kontinuierlichen Lernens zu etablieren, die es der Organisation ermöglicht, sich an ständig verändernde Bedingungen anzupassen, ohne dabei ihre Kernwerte zu verlieren. Zusammenfassend lässt sich sagen, dass Adaptive Leadership die Notwendigkeit betont, adaptiv und flexibel zu bleiben und aktive Lernprozesse innerhalb der Organisation zu fördern. Führungskräfte sind nicht nur Problemlöser, sondern Ermöglicher von Veränderung, die ihre Organisationen dazu anleiten, sich selbstständig an neue Herausforderungen anzupassen und eine resiliente und zukunftsfähige Organisation zu entwickeln (Heifetz et al., 2009).

Heifetz' Adaptive Leadership betont die Rolle der Führungskräfte, die nicht nur Lösungen vorgeben, sondern die Organisation dazu befähigen sollen, ihre eigenen Lösungen zu entwickeln und anzupassen. Führungskräfte müssen bereit sein, Unsicherheiten zu akzeptieren und sich an dynamische und unvorhersehbare Situationen anzupassen. Dieser Ansatz fördert kontinuierliches Lernen und die

Entwicklung einer Lernkultur, die entscheidend ist, um langfristig wettbewerbsfähig zu bleiben (ebenda).

Lernenden Organisation von Chris Argyris

Das Konzept der Lernenden Organisation von Chris Argyris stellt einen zentralen Beitrag zur Organisationsentwicklung und zum Change Management dar. Argyris unterscheidet zwischen Single-Loop-Learning und Double-Loop-Learning. Beim Single-Loop-Learning geht es darum, Fehler zu korrigieren und Verhaltensweisen anzupassen, ohne die zugrunde liegenden Annahmen oder Überzeugungen in Frage zu stellen. Dieses Lernen ist auf eine oberflächliche Ebene ausgerichtet und behebt nur Symptome, nicht jedoch die tiefer liegenden Ursachen von Problemen. Double-Loop-Learning geht einen Schritt weiter, indem es die zugrunde liegenden Annahmen und Überzeugungen der Organisation hinterfragt und anpasst. Statt nur das Verhalten zu ändern, wird die Logik des Handelns selbst in Frage gestellt. Dieser tiefere Ansatz fördert eine nachhaltige Veränderung, da er nicht nur oberflächliche Probleme angeht, sondern die strukturellen Ursachen von Herausforderungen identifiziert und angeht.

In Change-Management-Prozessen ist dieser Ansatz entscheidend, da er es Organisationen ermöglicht, sich kontinuierlich weiterzuentwickeln und ihre Denk- und Handlungsweisen zu hinterfragen. Double-Loop-Learning fördert eine Kultur des kontinuierlichen Lernens, der Reflexion und der Selbstkritik, was notwendig ist, um langfristige und nachhaltige Veränderungen zu etablieren. Organisationen, die diese Lernweise annehmen, können nicht nur ihre Reaktionen auf Veränderungen verbessern, sondern auch eine tiefergehende Anpassung ihrer Werte, Ziele und strategischen Ausrichtungen vornehmen. So wird nicht nur die äußere Anpassung an neue Bedingungen ermöglicht, sondern auch die interne Struktur und Kultur der Organisation wird an die neuen Anforderungen und Herausforderungen angepasst.

Dieser Ansatz hat weitreichende Implikationen für das Change Management: Wenn Unternehmen ihre Grundannahmen und -überzeugungen regelmäßig überprüfen und anpassen, werden sie nicht nur widerstandsfähiger gegenüber Veränderungen, sondern sie können diese aktiv gestalten und langfristig integrieren. Es ermöglicht den Mitarbeitenden, nicht nur in den Veränderungsprozess eingebunden zu werden, sondern auch eine aktive Rolle in der Neugestaltung der Organisation zu übernehmen. In einem praktischen Change-Management-Kontext bedeutet dies, dass Unternehmen lernen müssen, tieferliegende Ursachen von Problemen zu erkennen und diese in ihren Veränderungsprozessen zu adressieren. Anstatt sich nur auf kurzfristige Lösungen zu konzentrieren, fördert Double-Loop-Learning eine tiefere Auseinandersetzung mit den Ursachen von Widerständen und Ineffizienzen und ermöglicht eine fundierte Neugestaltung der Organisation, die sowohl auf der strukturellen als auch auf der kulturellen Ebene wirksam ist.

Übergangsmanagement nach William Bridges

Das Übergangsmanagement nach William Bridges fokussiert sich auf die menschliche Seite von Veränderungen, die oft übersehen wird, wenn Veränderungsprozesse in Organisationen ausschließlich aus einer technischen oder strukturellen Perspektive betrachtet werden. Bridges unterscheidet klar zwischen Veränderung und Übergang. Während Veränderung die äußeren, sichtbaren Aspekte eines Wandels beschreibt – wie die Einführung neuer Strukturen, Technologien oder Prozesse – bezieht sich Übergang auf den inneren, psychologischen Prozess, den Menschen durchlaufen, wenn sie sich an eine neue Realität anpassen müssen. Dieser innere Übergang ist entscheidend für den Erfolg jeder Veränderung, da er die emotionale und psychologische Anpassung der Mitarbeitenden umfasst. Bridges identifiziert drei Phasen des Übergangs, die alle entscheidend für den Erfolg eines Veränderungsprozesses sind:

- Das Ende: In dieser ersten Phase müssen Mitarbeitende Abschied von alten Gewohnheiten, Strukturen oder Arbeitsweisen nehmen. Dieser Prozess kann mit Gefühlen der Verlustangst oder Unsicherheit verbunden sein, da vertraute Routinen und Arbeitsweisen verändert oder aufgehoben werden. Das Ende markiert das Verlassen der alten Realität und erfordert eine bewusste Auseinandersetzung mit den damit verbundenen emotionalen Reaktionen, um die Menschen nicht in einem Zustand der Unruhe oder Resignation zu lassen.

- Die neutrale Zone: Dies ist die Übergangsphase, in der sich Mitarbeitende in einem Zustand der Unklarheit und Unsicherheit befinden. Es handelt sich um eine Art „Pufferzone", in der sich die Mitarbeitenden von der alten Welt entfernen und sich auf die neue Welt vorbereiten. Diese Phase ist oft die schwierigste, da sie eine Zeit des Wartens, der Anpassung und der Neubewertung von Rollen und Verantwortlichkeiten ist. In dieser Phase erleben viele Mitarbeitende ein Gefühl der Verwirrung oder Desorientierung, da sie noch keine klare Vorstellung davon haben, wie die neue Realität aussieht.

- Der Neuanfang: In der letzten Phase beginnen die Mitarbeitenden, sich mit der neuen Realität zu identifizieren und zu akzeptieren. Es wird eine neue Identität entwickelt, neue Fähigkeiten werden erlernt, und das Selbstvertrauen wächst. Diese Phase ist entscheidend, um die Motivation und das Engagement aufrechtzuerhalten, da hier die Mitarbeitenden beginnen, die positiven Aspekte der Veränderung zu erkennen und sich aktiv in den neuen Prozess zu integrieren.

Bridges betont, dass der Erfolg von Veränderungsprozessen nicht nur davon abhängt, wie gut die äußeren Veränderungen umgesetzt werden, sondern auch davon, wie gut die Menschen durch diese drei Phasen des Übergangs begleitet werden. Ein Unternehmen, das die emotionalen und psychologischen Aspekte des Übergangsprozesses nicht berücksichtigt, riskiert, Widerstände zu erzeugen und die Akzeptanz der Veränderungen zu gefährden. Um den Übergang erfolgreich zu gestalten, müssen Führungskräfte eine unterstützende und empathische Haltung einnehmen. Sie sollten klare und offene Kommunikation fördern, in der die Unsicherheiten und Ängste der Mitarbeitenden anerkannt werden, und gleichzeitig die Mitarbeitenden aktiv in den Veränderungsprozess einbeziehen, sodass sie das Gefühl haben, dass ihre Bedenken und Emotionen ernst genommen werden. Dies trägt nicht nur dazu bei, die Akzeptanz neuer Wege zu fördern, sondern auch die Kohärenz und Zusammenarbeit in der gesamten Organisation zu stärken. Insgesamt hebt Bridges hervor, dass Veränderung nicht nur ein technischer, sondern auch ein emotionaler Prozess ist, der die menschliche Komponente des Wandels berücksichtigt. Indem er die Phasen des Übergangs betont, liefert Bridges ein wertvolles Modell, um langfristige und nachhaltige Veränderung in Organisationen zu erreichen, die nicht nur strukturtechnisch, sondern auch menschlich erfolgreich ist.

Change-Curve-Modell nach Kübler-Ross

Die weit verbreitete, sogenannte Change-Kurve oder das Tal der Tränen wurde ursprünglich von der Schweizer Psychiaterin Elisabeth Kübler-Ross entwickelt, um die Phasen zu beschreiben, die Menschen durchlaufen, wenn sie mit schweren persönlichen Verlusten oder dem Tod konfrontiert sind. In der Anwendung auf Change Management wird dieses Modell auf die emotionalen Reaktionen von Mitarbeitenden in Veränderungsprozessen übertragen. Das Modell geht davon aus, dass Mitarbeitende während eines Veränderungsprozesses bestimmte emotionale Stadien durchlaufen, die in der Regel die folgenden fünf Phasen umfassen:

- Schock: Zu Beginn der Veränderung reagieren viele Mitarbeitende mit Schock oder Unglauben. Sie sind möglicherweise überrascht oder überfordert von der plötzlichen Ankündigung und haben Schwierigkeiten, den Wandel als Realität zu akzeptieren. In dieser Phase ist es wichtig, eine klare und beruhigende Kommunikation bereitzustellen, um Unsicherheit zu reduzieren.

- Verleugnung: In dieser Phase könnten Mitarbeitende den Wandel zunächst ablehnen oder nicht wahrhaben wollen. Sie könnten sich gegen die Veränderung stellen oder so tun, als ob sie nicht stattfindet. Führungskräfte müssen darauf vorbereitet sein, Widerstand zu erkennen und zu adressieren, ohne die Bedenken der Mitarbeitenden abzuwerten.

- Widerstand: Wenn die Veränderung klarer wird, zeigen Mitarbeitende oft Widerstand. Sie fühlen sich möglicherweise unsicher oder verängstigt und reagieren mit negativer Haltung. In dieser Phase müssen Führungskräfte einfühlsam sein und aktiv auf die Sorgen und Ängste der Mitarbeitenden eingehen, um Vertrauen zu schaffen und Unterstützung anzubieten.

- Akzeptanz: Wenn der Wandel weiter fortschreitet, beginnen Mitarbeitende, den Wandel zu akzeptieren. Sie erkennen, dass die Veränderung notwendig und unvermeidlich ist, und beginnen, sich darauf einzustellen. In dieser Phase ist es hilfreich, positive Beispiele von erfolgreichen Anpassungen hervorzuheben und zusätzliche Schulungen oder Unterstützung anzubieten.

- Integration: In der letzten Phase haben Mitarbeitende die Veränderung vollständig integriert und sind bereit, sie in ihren Arbeitsalltag zu übernehmen. Sie fühlen sich sicher und wohl mit den neuen Prozessen oder Strukturen. Führungskräfte können in dieser Phase die positive Entwicklung feiern und den Erfolg der Veränderung anerkennen.

Das Modell hilft Führungskräften, die emotionalen Reaktionen der Mitarbeitenden während eines Change-Prozesses besser zu verstehen. Es zeigt, dass Veränderungen nicht nur technische Anpassungen erfordern, sondern auch eine tiefe emotionale Reise mit sich bringen. Eine sorgfältige und empathische Begleitung der Mitarbeitenden durch diese Phasen ist entscheidend, um den Wandel langfristig erfolgreich und nachhaltig zu gestalten. Ein bewusster Umgang mit den emotionalen Aspekten des Wandels fördert nicht nur die Akzeptanz, sondern auch das Engagement und die Motivation der Mitarbeitenden.

Satir-Change-Modell

Das Satir-Change-Modell, entwickelt von der Therapeutin Virginia Satir, betrachtet Veränderungen als einen tiefgreifenden emotionalen Prozess, der nicht nur äußere, sondern auch innere, psychologische Dimensionen umfasst. Das Modell geht davon aus, dass Veränderungen immer mit einer emotionalen Reaktion der betroffenen Personen verbunden sind, sowohl auf individueller als auch auf kollektiver Ebene. Es betont, dass der Wandel nicht nur durch äußere Anpassungen an Strukturen und Prozesse erfolgt, sondern auch durch die Veränderung von inneren Wahrnehmungen und zwischenmenschlichen Interaktionen. Das Modell beschreibt den Veränderungsprozess in mehreren Phasen, die typischerweise eine kurvige Bewegung von einem Zustand der Stabilität zu einem Zustand der Unordnung und Verwirrung (Chaos) und schließlich zu einem neuen Zustand der Stabilität umfassen:

- Status quo (Stabilität): Zu Beginn des Veränderungsprozesses befinden sich Individuen oder Organisationen in einem Zustand der Stabilität, in dem ihre Gewohnheiten und Routinen festgelegt sind. In dieser Phase sind alle Prozesse und Interaktionen vorhersehbar und im Allgemeinen funktioniert alles nach den etablierten Mustern.

- Chaos: Sobald die Veränderung eingeführt wird, treten die Mitarbeitenden häufig in einen Zustand des Chaos oder der Unsicherheit ein. In dieser Phase können sich Ängste, Missverständnisse und Konflikte häufen, weil die gewohnten Arbeitsmethoden und Strukturen nicht mehr ausreichen oder verschwinden. Mitarbeitende erleben oft Gefühle der Frustration, Angst und Widerstand. Diese Phase ist entscheidend, da sie oft die größte emotionale Belastung mit sich bringt und es schwierig machen kann, die Veränderung zu akzeptieren.
- Integrationsphase: Nachdem das Chaos durchlebt wurde, beginnt sich die Organisation wieder zu ordnen. Hier entwickeln sich neue Verhaltensweisen und Normen, die die Organisation stützen und auf die Veränderung ausgerichtet sind. In dieser Phase setzen die Mitarbeitenden ihre neuen Erfahrungen um, lernen, mit den Veränderungen zu leben und anzupassen.
- Neue Stabilität: Am Ende des Veränderungsprozesses erreichen Organisationen und Individuen einen Zustand der neuen Stabilität, bei dem die Veränderungen nicht mehr als Bedrohung wahrgenommen werden, sondern als integrierter Teil der Organisation. Diese neue Stabilität basiert auf den neuen Werten und Verhaltensweisen, die während der Übergangsphasen entwickelt wurden.

Ein zentrales Konzept des Satir-Change-Modells ist, dass Veränderung immer eine emotionale Dimension hat, die ebenso berücksichtigt werden muss wie die strukturelle oder prozessuale Dimension. Die Menschen in einer Organisation durchlaufen die emotionalen Phasen der Veränderung, und die Unterstützung durch Führungskräfte ist entscheidend, um sicherzustellen, dass der Übergang erfolgreich ist. Ein empathischer Umgang mit den Emotionen der

Mitarbeitenden, eine klare Kommunikation und ein aktives Management der Übergangsphasen sind notwendig, um die Organisation auf den neuen Kurs zu bringen.

Das Satir-Modell hilft Führungskräften, den emotionalen Verlauf von Veränderungsprozessen besser zu verstehen und gezielt zu begleiten. Es hebt hervor, dass Veränderungen nicht nur in technischen oder logistischen Begriffen gedacht werden können, sondern auch in emotionalen und psychologischen Dimensionen, die ebenfalls gehandhabt werden müssen. Wenn diese emotionalen Prozesse erfolgreich gesteuert werden, können die Veränderungen nicht nur erfolgreich umgesetzt, sondern auch nachhaltig im Unternehmensalltag verankert werden.

Lean-Change-Management

Lean-Change-Management ist ein Ansatz, der auf den Prinzipien des Lean Managements und agilen Methoden basiert. Ziel dieses Modells ist es, Veränderungsprozesse auf eine schnelle, flexible und kontinuierlich überprüfbare Weise umzusetzen, ohne die Organisation zu überfordern. Der Schwerpunkt liegt auf einer iterativen und inkrementellen Herangehensweise, bei der Veränderungen in kleinen Schritten durchgeführt werden, die ständig überwacht und angepasst werden.

Der Lean Change-Management-Ansatz geht davon aus, dass Veränderungen oft nicht in großen, einmaligen Projekten erfolgreich umgesetzt werden können, sondern dass sie besser als fortlaufende, kleine Anpassungen durchgeführt werden. Dieser Ansatz folgt den grundlegenden Prinzipien des Lean Managements, das ursprünglich in der Produktion entstanden ist und auf die Maximierung des Wertes bei gleichzeitiger Minimierung von Verschwendung abzielt. In Bezug auf Veränderungsprozesse bedeutet dies, dass Unternehmen versuchen, die Veränderung effizient und mit minimalen Ressourcen durchzuführen, indem unnötige Komplexität vermieden wird.

Lean-Change-Management ist ein Ansatz, der sich durch mehrere zentrale Merkmale auszeichnet, die darauf abzielen, Veränderungsprozesse effizient und flexibel zu gestalten, ohne unnötige Ressourcen zu verschwenden. Ein wesentliches Merkmal dieses Ansatzes ist die iterative Umsetzung von Veränderungen. Anstatt auf detaillierte, starre Planungsdokumente zu setzen, wird der Fokus auf kleine, regelmäßig überprüfte und angepasste Schritte gelegt. Dieser iterative Prozess ermöglicht es, flexibel auf Veränderungen und unerwartete Herausforderungen zu reagieren.

Ein weiterer zentraler Bestandteil von Lean-Change-Management ist der Feedback-Mechanismus. Regelmäßiges Feedback von Mitarbeitenden und Stakeholdern wird aktiv eingeholt, um sicherzustellen, dass die Veränderungen in die richtige Richtung gehen. Diese kontinuierliche Rückmeldung hilft dabei, Probleme frühzeitig zu identifizieren und notwendige Anpassungen vorzunehmen, bevor sie zu größeren Hindernissen werden. Das Prinzip der Minimierung von Verschwendung ist ebenfalls ein Kernaspekt dieses Modells. Lean-Change-Management lehnt unnötige Planung und Bürokratie ab, um die Organisation nicht zu belasten. Stattdessen konzentriert es sich auf effiziente Veränderungen, die mit möglichst geringen Ressourcen und Aufwand umgesetzt werden. Dies führt zu einer ressourcenschonenden und fokussierten Veränderungspraxis.

Die Flexibilität und Anpassungsfähigkeit des Ansatzes ermöglichen es, dass der Veränderungsprozess ständig weiterentwickelt und an neue Informationen oder externe Faktoren angepasst wird. Dieser flexible Umgang mit Veränderungen ist ein wesentlicher Vorteil von Lean-Change-Management, da er hilft, unvorhergesehene Herausforderungen und Anpassungsbedarfe zu integrieren, ohne den gesamten Prozess neu zu gestalten. Schließlich liegt der Fokus von

Lean-Change-Management auf dem Wert, den Veränderungen für die Organisation und ihre Mitarbeitenden schaffen sollen. Veränderungen werden nicht um ihrer selbst willen angestoßen, sondern immer mit dem Ziel, nachhaltigen Nutzen zu erzielen. Dies gewährleistet, dass die Veränderungsprozesse effektiv und mit einem klaren Nutzen ausgerichtet sind, was die Akzeptanz und den Erfolg des Wandels unterstützt.

Burke-Litwin-Modell

Das Burke-Litwin-Modell ist ein integratives Modell zur Analyse und zum Management von Veränderungsprozessen in Organisationen. Es wurde von W. Warner Burke und George H. Litwin entwickelt und betrachtet Organisationen als komplexe Systeme, die aus verschiedenen miteinander verbundenen Dimensionen bestehen. Diese Dimensionen umfassen sowohl interne als auch externe Faktoren, die zusammenwirken und sich gegenseitig beeinflussen. Das Modell stellt somit eine tiefgreifende und differenzierte Perspektive auf die Dynamik von Veränderungen in Organisationen dar. Das Modell unterscheidet 12 Dimensionen, die auf verschiedenen Ebenen einer Organisation wirken. Diese Dimensionen sind:

- Externe Umwelt: Einflüsse aus der Umwelt, wie z. B. Marktveränderungen, technologische Entwicklungen oder gesetzliche Rahmenbedingungen, die die Organisation beeinflussen.
- Mission und Strategie: Die übergeordneten Ziele der Organisation und die Strategien, mit denen diese Ziele erreicht werden sollen.
- Kultur: Die gemeinsamen Werte, Normen und Überzeugungen, die das Verhalten und die Interaktionen innerhalb der Organisation prägen.

- Führung: Der Einfluss von Führungskräften auf die Gestaltung der Unternehmenskultur und die Steuerung der Organisation.
- Struktur: Die organisatorische Struktur, einschließlich der Aufteilung von Aufgaben, Zuständigkeiten und Verantwortlichkeiten.
- Managementpraktiken: Die konkreten Führungspraktiken und -methoden, die im Alltag angewendet werden.
- Systeme: Die formalen und informellen Prozesse, die innerhalb der Organisation ablaufen, z. B. Entscheidungsfindung, Kommunikation und Problemlösung.
- Arbeitsmotivation: Die Faktoren, die die Motivation der Mitarbeitenden beeinflussen und ihre Bereitschaft, die strategischen Ziele der Organisation zu unterstützen.
- Individuelle Werte und Fähigkeiten: Die Werte, Überzeugungen und Fähigkeiten der Mitarbeitenden, die ihr Verhalten und ihre Leistung bestimmen.
- Arbeitsbedingungen: Die physische und soziale Arbeitsumgebung, die das Wohlbefinden und die Leistungsfähigkeit der Mitarbeitenden beeinflusst.
- Ergebnisse (Outcomes): Die konkreten Ergebnisse, die durch die Umsetzung von Veränderungen erreicht werden, wie z. B. Produktivität, Kundenzufriedenheit oder Marktanteile.
- Leistung der Organisation: Die Gesamtleistung der Organisation, die als Resultat der verschiedenen Dimensionen und ihrer Wechselwirkungen betrachtet wird.

Das Burke-Litwin-Modell betont die Wechselwirkungen zwischen den verschiedenen Dimensionen. Es stellt einen klaren Zusammenhang zwischen den externen Faktoren (z. B. Veränderungen in der Wirtschaft oder Technologie) und den internen Aspekten einer Organisation (z. B. Führung, Struktur oder Kultur) her. Veränderungen auf einer Ebene haben Auswirkungen auf andere Dimensionen und auf die gesamte Organisation. Besonders relevant ist die Unterscheidung zwischen transformationalen und transactionalen Veränderungen:

- Transformational changes betreffen die grundlegenden Dimensionen einer Organisation, wie Kultur, Führung und Strategie. Diese Veränderungen haben tiefgreifende, langfristige Auswirkungen auf die gesamte Organisation.
- Transactional changes betreffen eher die operativen und strukturellen Aspekte einer Organisation, wie z. B. Managementpraktiken, Systeme und Arbeitsbedingungen. Diese Veränderungen sind oft kurzfristiger und fokussierter.

Das Burke-Litwin-Modell ist besonders hilfreich für die Analyse der Ursachen und Auswirkungen von Veränderungen. Es bietet eine ganzheitliche Sicht auf eine Organisation und hilft dabei, zu verstehen, wie verschiedene Elemente miteinander verbunden sind und wie Veränderungen in einem Bereich andere Bereiche beeinflussen können. Dies ist insbesondere in Zeiten des Wandels von großer Bedeutung, wenn Organisationen auf externe oder interne Herausforderungen reagieren müssen. Das Modell ist ein nützliches Instrument für Change-Management-Profis, um die Komplexität von Veränderungsprozessen zu verstehen und einen systematischen Plan zu entwickeln, der alle relevanten Dimensionen berücksichtigt. Es zeigt auf, dass Veränderungsprozesse nicht isoliert betrachtet werden können, sondern dass sie in einem dynamischen Zusammenspiel von Faktoren stattfinden.

7-S-Modell von McKinsey

Das klassische 7-S-Modell wurde in den 1980er-Jahren von der Beratungsgesellschaft McKinsey & Company entwickelt und betont, dass eine erfolgreiche Veränderung in einer Organisation nur dann möglich ist, wenn alle sieben Schlüsselelemente miteinander in Einklang stehen. Diese sieben Elemente sind:

- Strategy (Strategie): Die langfristige Ausrichtung und die Pläne, die die Organisation verfolgt, um ihre Ziele zu erreichen. Eine klare und gut definierte Strategie ist entscheidend für den Erfolg der Veränderung.
- Structure (Struktur): Die Art und Weise, wie die Organisation aufgebaut ist, einschließlich der Hierarchie, der Abteilungen und der Verantwortlichkeiten. Eine effektive Struktur unterstützt die Umsetzung der Strategie und erleichtert Veränderungen.
- Systems (Systeme): Die formalen und informellen Systeme und Prozesse, die den Betrieb der Organisation steuern. Dazu gehören Arbeitsabläufe, IT-Systeme und Kommunikationskanäle. Effiziente Systeme sind erforderlich, um Veränderungen reibungslos zu integrieren.
- Shared Values (Gemeinsame Werte): Dies ist das zentrale Element des Modells und bezieht sich auf die Kernwerte und die Unternehmenskultur, die das Verhalten und die Entscheidungen der Mitarbeitenden leiten. Gemeinsame Werte stellen sicher, dass alle Mitglieder der Organisation in die gleiche Richtung arbeiten.
- Skills (Fähigkeiten): Die Fähigkeiten und Kompetenzen der Mitarbeitenden, die notwendig sind, um die Strategie erfolgreich umzusetzen. Dies umfasst sowohl technische Fähigkeiten als auch Führungskompetenzen.
- Style (Führungsstil): Der Führungsstil und das Managementverhalten, das in der Organisation vorherrscht. Ein konsistenter und unterstützender Führungsstil ist notwendig, um Veränderungen zu steuern und die Mitarbeitenden zu motivieren.
- Staff (Mitarbeitende): Die Mitarbeitenden, ihre Qualifikationen, ihr Engagement und ihre Motivation. Eine effektive Veränderung erfordert, dass die richtigen Mitarbeitenden mit den richtigen Fähigkeiten in den richtigen Positionen sind.

Das 7-S-Modell hebt die Bedeutung von Shared Values als das zentrale Element hervor, das alle anderen Faktoren miteinander verbindet. Die gemeinsamen Werte definieren die Unternehmenskultur und beeinflussen, wie die Mitarbeitenden auf Veränderungen reagieren. Ohne eine starke Wertebasis können Veränderungen schwierig sein, da die Mitarbeitenden möglicherweise nicht bereit sind, die erforderlichen Anpassungen vorzunehmen oder die neue Strategie zu unterstützen.

Das Modell ist besonders wertvoll im Kontext des Change Managements, da es eine ganzheitliche Sicht auf die Organisation ermöglicht und sicherstellt, dass alle relevanten Aspekte bei der Einführung von Veränderungen berücksichtigt werden. Bei der Implementierung von Veränderungen sorgt das Modell dafür, dass verschiedene Schlüsselfaktoren miteinander in Einklang stehen und die Transformation reibungslos verläuft. Ein zentraler Bestandteil des Modells ist, dass Strategie und Struktur im Einklang stehen. Veränderungen müssen auf struktureller Ebene unterstützt werden, damit sie erfolgreich umgesetzt werden können. Wenn die Struktur der Organisation nicht mit der strategischen Ausrichtung übereinstimmt, können Veränderungen behindert oder gar unmöglich gemacht werden. Ein weiteres wichtiges Element ist, dass die Systeme so gestaltet sind, dass sie die Veränderungen unterstützen. Viele Unternehmen stellen fest, dass bestehende Prozesse, Technologien und Systeme nicht mit den neuen Anforderungen kompatibel sind.

Das 7-S-Modell hilft sicherzustellen, dass diese Systeme nicht im Weg stehen, sondern die Veränderung aktiv fördern. Zusätzlich wird durch das Modell sichergestellt, dass die Fähigkeiten und der Führungsstil der Führungskräfte die Veränderungsprozesse effektiv vorantreiben. Führungskräfte müssen nicht nur die richtigen Entscheidungen treffen, sondern auch das Engagement und die Motivation der Mitarbeitenden aufrechterhalten.

Das Modell betont die Bedeutung von Führungskompetenzen, die eine erfolgreiche Transformation unterstützen. Ein weiteres Kernelement des Modells ist die Betonung auf gemeinsamen Werten, die als Grundlage für Veränderungen dienen. Diese gemeinsamen Werte sorgen für Kohärenz in der Organisation und helfen den Mitarbeitenden, die neuen Anforderungen zu akzeptieren. Sie fördern eine starke kulturelle Anpassung, die für den Erfolg von Veränderungen entscheidend ist.

Zusammenfassung der Grundlagen

Change Management ist ein essenzieller Prozess, der Unternehmen in die Lage versetzt, flexibel und anpassungsfähig auf Veränderungen zu reagieren, um langfristig wettbewerbsfähig zu bleiben. Dabei geht es über die reine Umsetzung von Veränderungen hinaus und zielt darauf ab, eine kontinuierliche Anpassungsfähigkeit zu schaffen, die Unternehmen nicht nur auf aktuelle Herausforderungen, sondern auch auf zukünftige Veränderungen vorbereitet. Die Grundlagen, Methoden und Ansätze des Change Managements basieren auf bewährten Konzepten, die strategische, organisatorische und menschliche Faktoren integrieren.

Die strategischen Elemente konzentrieren sich auf die langfristige Ausrichtung eines Unternehmens, indem Veränderungen in Einklang mit den übergeordneten Unternehmenszielen und -visionen gebracht werden. Organisatorische Aspekte betreffen die strukturellen und prozessualen Anpassungen, die erforderlich sind, um Veränderungen effizient umzusetzen. Doch genauso entscheidend ist die menschliche Dimension des Change Managements. Hier geht es darum, die Mitarbeitenden aktiv in den Veränderungsprozess einzubeziehen, ihre Ängste und Bedenken zu adressieren und eine Kultur der Offenheit und Zusammenarbeit zu schaffen. Nur wenn die Menschen im Unternehmen die Veränderungen akzeptieren und mittragen, können diese erfolgreich und nachhaltig umgesetzt werden.

Change Management berücksichtigt die emotionalen und psychologischen Aspekte von Veränderungen, was es zu einem ganzheitlichen Ansatz macht, der nicht nur auf Effizienz, sondern auch auf die sozialen und kulturellen Bedürfnisse der Organisation abzielt. Insgesamt bietet Change Management einen strukturierten Rahmen, der Unternehmen dabei unterstützt, sowohl die technischen als auch die strategischen Herausforderungen von Veränderungen zu meistern und dabei die Menschen in den Mittelpunkt des Wandels zu stellen. Unternehmen, die Change Management effektiv umsetzen, sind besser darauf vorbereitet, sich an eine sich ständig verändernde Geschäftswelt anzupassen und ihre langfristige Wettbewerbsfähigkeit zu sichern (Kotter, 1996).

Die Grundlagen des Change Managements beruhen auf der Erkenntnis, dass Veränderungen in Organisationen systematisch und ganzheitlich angegangen werden müssen. Ein erfolgreiches Change Management berücksichtigt sowohl die technischen als auch die sozialen Aspekte einer Organisation. Veränderungen dürfen nicht isoliert betrachtet werden, sondern müssen in einem umfassenden Kontext angegangen werden, der sowohl die Struktur, Strategie als auch die Menschen im Unternehmen einbezieht (Hiatt, 2006). Ein zentraler Aspekt dabei ist die strategische Ausrichtung. Veränderungen müssen stets im Einklang mit den übergeordneten Zielen der Organisation stehen, um sicherzustellen, dass sie nicht nur kurzfristige Anpassungen, sondern auch langfristige Erfolge ermöglichen.

Partizipation und Einbindung sind ebenfalls von entscheidender Bedeutung. Die Einbindung der Mitarbeitenden und relevanter Stakeholder in den Veränderungsprozess stellt sicher, dass ihre Perspektiven und Bedenken gehört werden. Dies fördert nicht nur die Akzeptanz der Veränderung, sondern trägt auch dazu bei, dass

Mitarbeitende sich aktiv an der Gestaltung des Wandels beteiligen (Kotter, 1996). Eine hohe Beteiligung schafft Vertrauen und steigert die Bereitschaft, die Veränderung mitzutragen. Kommunikation spielt dabei eine Schlüsselrolle, da offene und kontinuierliche Kommunikation Transparenz schafft und Missverständnisse vermeidet (Hiatt, 2006).

Die Unternehmenskultur muss Veränderungen als Chance begreifen und diese aktiv unterstützen. Veränderungen, die nicht von der Kultur getragen werden, laufen Gefahr, als kurzfristige oder künstliche Maßnahmen wahrgenommen zu werden, die wenig nachhaltig sind. Eine Kultur des kontinuierlichen Lernens und der Flexibilität ist notwendig, damit Veränderungsprozesse nicht nur einmalig, sondern langfristig und tief in der Organisation verankert werden (Schein, 2010). Ein erfolgreiches Change Management berücksichtigt daher alle diese Grundlagen und sorgt dafür, dass Veränderungen nicht nur technokratisch, sondern auch sozial und kulturell in der Organisation verankert werden.

Zu den Methoden des Change Managements gehören eine Reihe von Ansätzen, die individuell oder in Kombination angewendet werden können, um spezifische Herausforderungen zu bewältigen. Diese Methoden bieten Unternehmen strukturierte Wege, um Veränderungsprozesse erfolgreich umzusetzen und dabei sowohl organisatorische Effizienz als auch soziale und kulturelle Aspekte zu berücksichtigen.

Ein zentraler Ansatz ist Lewins „Drei-Phasen-Modell", das als klassische Methode im Change Management gilt. Es beschreibt die Phasen „Auftauen" (Unfreezing), „Verändern" (Changing) und „Einfrieren" (Refreezing) als Grundlage für nachhaltige Veränderungen (Lewin, 1947). Das Modell betont die Notwendigkeit, bestehende Strukturen und Verhaltensweisen zu hinterfragen und aufzubrechen, bevor neue Prozesse und Einstellungen etabliert werden können.

Ein weiteres bedeutendes Modell ist Kotters 8-Stufen-Modell, das von John Kotter entwickelt wurde. Es bietet eine detaillierte Schritt-für-Schritt-Anleitung zur erfolgreichen Umsetzung von Veränderungen und betont die Bedeutung einer klaren Vision und der Schaffung von kurzfristigen Erfolgen. Besonders hervorzuheben ist die Notwendigkeit, die Veränderung in der Unternehmenskultur zu verankern. Kotter betont auch die Bedeutung der Kommunikation und der kontinuierlichen Motivation der Mitarbeitenden, um eine breite Unterstützung für den Wandel zu gewinnen (Kotter, 1996).

Das ADKAR-Modell von Jeff Hiatt konzentriert sich auf die individuelle Veränderung und bietet einen detaillierten Ansatz zur Unterstützung von Einzelpersonen durch den Veränderungsprozess. Es umfasst fünf Phasen: Awareness (Bewusstsein für die Notwendigkeit der Veränderung), Desire (Wunsch, die Veränderung mitzutragen), Knowledge (Wissen darüber, wie die Veränderung umzusetzen ist), Ability (Fähigkeit, die Veränderung umzusetzen) und Reinforcement (Verstärkung der Veränderung, um ihre Nachhaltigkeit sicherzustellen). Dieses Modell ist besonders nützlich, um die Mitarbeitenden auf der persönlichen Ebene zu unterstützen und Widerstände zu überwinden (Hiatt, 2006).

9 Exkurs: Change- und Arbeitsmüdigkeit

Changemüdigkeit oder auch Change Fatigue (Özdemir/Özdemir, 2024) kann die Motivation, das Engagement und die Gesundheit der Mitarbeitenden erheblich beeinträchtigen, was langfristig die Leistungsfähigkeit und den Erfolg eines Unternehmens gefährdet. Angesichts der sich ständig wandelnden Arbeitswelt und der zunehmenden Anforderungen an die Mitarbeitenden ist es entscheidend, diese Phänomene zu verstehen und wirksame Strategien zu entwickeln, um die damit verbundenen negativen Auswirkungen zu mindern. Durch diesen Exkurs möchten wir nicht nur auf die Ursachen und Auswirkungen eingehen, sondern auch konkrete Ansätze zur Bewältigung und Prävention von Change- und Arbeitsmüdigkeit aufzeigen, die einen nachhaltigen und erfolgreichen Veränderungsprozess ermöglichen.

Change Fatigue tritt auf, wenn Mitarbeitende durch wiederholte und tiefgreifende Veränderungen überfordert werden, was zu Frustration, Demotivation und einer Abnahme der Unternehmensbindung führen kann (Kühl, 2018). Wir wollen im Folgenden auf einige der zentralen Gründe näher eingehen.

In einer dynamischen Arbeitswelt sind ständige Veränderungen zur Norm geworden. Mitarbeitende werden immer wieder mit neuen Projekten, Strategien oder strukturellen Anpassungen konfrontiert. Diese fortwährenden Veränderungen können Mitarbeitende überfordern, insbesondere wenn es an Phasen der Stabilität mangelt, in denen sie sich erholen und neue Energie tanken können. Laut Beer und Nohria (2000) ist das Fehlen solcher Erholungsphasen ein kritischer Faktor, der zu einem Rückgang der Produktivität und einer gesteigerten Belastung führt. Dies wird noch verstärkt, wenn die Veränderungen tief in bestehende Prozesse und Rollen eingreifen, die nicht nur technisches Umdenken erfordern, sondern auch emotionale Anpassungen von den Mitarbeitenden verlangen. In diesem Kontext ist ein ausgereiftes Change Management erforderlich, das nicht nur den organisatorischen Wandel vorantreibt, sondern auch die emotionale und psychologische Belastung der Mitarbeitenden berücksichtigt (Kotter, 1996).

Darüber hinaus ist die ständige Konfrontation mit Veränderungen in einem Arbeitsumfeld, das keine Phasen der Konsolidierung kennt, für viele Mitarbeitende ein ständiger Stressfaktor. Das Fehlen von Erholungsphasen, die es ihnen ermöglichen, sich auf die Veränderungen einzulassen und die neuen Anforderungen zu integrieren, kann langfristig das Engagement und die Gesundheit beeinträchtigen. Laut Beer und Nohria (2000) ist es daher unerlässlich, in Change-Management-Prozesse nicht nur die Implementierung neuer Technologien oder Prozesse zu integrieren, sondern auch Phasen der Ruhe und Stabilität einzuplanen, die den Mitarbeitenden die nötige Zeit geben, sich zu erholen und ihre Anpassungsfähigkeit zu stärken.

Ein weiterer wesentlicher Grund für Change Fatigue ist die mangelnde oder unzureichende Kommunikation während des Veränderungsprozesses. Wenn Veränderungen und deren Ziele nicht klar und nachvollziehbar kommuniziert werden, entstehen Unsicherheiten und Frustrationen (Kotter, 1996). Mitarbeitende, die nicht genau wissen, warum eine Veränderung stattfindet, welche Ziele verfolgt werden und wie diese Veränderungen sie direkt betreffen, werden häufig passiv oder widerständig gegenüber dem Wandel. Eine klare Kommunikation ist daher ein wesentlicher Erfolgsfaktor, um Unsicherheiten zu minimieren und Vertrauen in den Veränderungsprozess aufzubauen.

Veränderungen werden als am effektivsten wahrgenommen, wenn Mitarbeitende aktiv in den Prozess eingebunden werden. Laut Kühl

(2018) kann eine zu geringe Beteiligung zu einem Gefühl der Ohnmacht führen, was die Akzeptanz und das Engagement der Mitarbeitenden reduziert. Wenn Mitarbeitende nicht verstehen, wie ihre Perspektiven und Erfahrungen in die Veränderungsprozesse einfließen, können Widerstände und Change Fatigue entstehen. Das Einbeziehen der Mitarbeitenden in die Gestaltung von Veränderungen, beispielsweise durch Workshops oder regelmäßige Feedback-Runden, steigert die Akzeptanz und motiviert zur aktiven Mitgestaltung.

Veränderungen in Organisationen erfordern oft neue Fähigkeiten und Wissensbereiche. Ein Mangel an gezielten Schulungen und Unterstützungsangeboten hat gravierende Auswirkungen. Mitarbeitende, die nicht ausreichend auf neue Anforderungen vorbereitet werden, fühlen sich oft unsicher und überfordert. Dies führt zu einem erhöhten Stressniveau und erschwert den erfolgreichen Übergang zu neuen Arbeitsweisen. Laut Hiatt (2006) sollten Unternehmen sicherstellen, dass sie ihren Mitarbeitenden die nötigen Ressourcen zur Verfügung stellen, um mit den Veränderungen effektiv umzugehen. Schulungen, Coaching und Mentoring sind wichtige Maßnahmen, die dabei helfen können, das Vertrauen und die Akzeptanz zu stärken.

Der Erfolg von Veränderungsprozessen hängt auch stark vom Führungsstil und den unternehmenskulturellen Werten ab. Wenn Unternehmenswerte unklar formuliert sind oder Führungskräfte inkonsistente Botschaften senden, führt dies zu Verwirrung und Demotivation (Schein, 2010). Führungskräfte sollten als verlässliche Orientierungspunkte agieren und die Unternehmenskultur in Veränderungsprozesse integrieren. Ein offener Dialog über die Werte und Ziele im Kontext der Veränderung stärkt das Verständnis und die Akzeptanz bei den Mitarbeitenden.

Veränderungen bringen oft Unsicherheit mit sich, insbesondere wenn Mitarbeitende nicht wissen, was die Zukunft bringt. Diese Unsicherheit kann Ängste hervorrufen, vor allem wenn neue Rollen oder Technologien eingeführt werden, die mit der Angst vor Arbeitsplatzverlust oder dem Gefühl der Überforderung einhergehen (Cameron & Green, 2015). Unternehmen müssen eine vertrauensvolle und unterstützende Kultur schaffen, in der Fehler als Lernmöglichkeiten betrachtet werden und Mitarbeitende sich sicher fühlen können, ihre Bedenken zu äußern.

Die proaktive Einbindung der Mitarbeitenden, transparente Kommunikation und das Bereitstellen von Ressourcen sind essentielle Strategien, um Changemüdigkeit zu vermeiden und zu bewältigen. Zudem sollten Unternehmen sicherstellen, dass sie ihre Veränderungsprozesse nicht als endlosen Zyklus darstellen, sondern Pausen und Stabilitätsphasen einplanen, die den Mitarbeitenden Zeit zur Verarbeitung der Veränderungen geben (Beer/Nohria, 2000).

Die zunehmende Change- und Arbeitsmüdigkeit hat weitreichende Auswirkungen auf den Consultingmarkt und insbesondere auf die Rolle von Unternehmensberatern im Bereich Change Management. In einer Welt, in der technologische Entwicklungen, Marktveränderungen und organisatorische Anpassungen immer schneller voranschreiten, sehen sich Unternehmen einer Vielzahl von Herausforderungen gegenüber. Diese dynamischen Bedingungen erfordern eine stetige Weiterentwicklung der Methoden und Ansätze von Beratungsunternehmen, die sich zunehmend den emotionalen und psychologischen Aspekten des Wandels zuwenden müssen.

Mit der zunehmenden Geschwindigkeit des Wandels steigt auch die Nachfrage nach Change-Management-Beratung. Unternehmen sind heute nicht nur mit technischen und organisatorischen Veränderungen konfrontiert, sondern müssen auch den menschlichen Faktor stärker berücksichtigen. Der Bedarf an Beratern, die nicht nur als technische Expert:innen fungieren, sondern als Begleiter und Unterstützer im Veränderungsprozess wirken, ist gestiegen. Laut Kotter (1996) ist es entscheidend, Veränderungsprozesse in mehreren Phasen zu steuern und dabei auch emotionale und soziale Aspekte zu integrieren, um Widerstände zu überwinden und den Wandel nachhaltig zu gestalten. Dieser Ansatz erfordert, dass Berater nicht nur die üblichen methodischen Werkzeuge beherrschen, sondern auch in der Lage sind, die psychologischen und emotionalen Herausforderungen des Wandels zu adressieren.

Ein weiteres Thema, das zunehmend an Bedeutung gewinnt, ist die ethische Verantwortung von Change-Management-Beratern. Die Kritik an kurzfristigen, standardisierten Beratungsansätzen wächst. Organisationen und Mitarbeitende erwarten zunehmend maßgeschneiderte Lösungen, die nicht nur kurzfristige Erfolge, sondern auch langfristige und nachhaltige Veränderungen mit sich bringen (Beer & Nohria, 2000). Für Berater bedeutet dies, dass sie ihre Strategien nicht nur auf schnelle Ergebnisse ausrichten dürfen, sondern auch die langfristige Auswirkung auf die Unternehmenskultur und das Wohlbefinden der Mitarbeitenden berücksichtigen müssen.

Die Anforderungen an die Kompetenzen von Change-Management-Beratern steigen, da sie heute nicht nur strategisch und methodisch versiert sein müssen, sondern auch über umfassende Fähigkeiten in den Bereichen Kommunikation, psychologische Unterstützung und Mitarbeitendeneinbindung verfügen müssen. Berater müssen nicht nur durch Planung und Struktur den Wandel gestalten, sondern auch durch transparente Kommunikation und persönliche Unterstützung für die Mitarbeitenden, um so die Akzeptanz zu sichern (Hiatt, 2006).

Ein zunehmend wichtiger Bestandteil der Change-Management-Beratung ist der Fokus auf das Wohlbefinden der Mitarbeitenden. Unternehmen müssen nicht nur sicherstellen, dass Mitarbeitende fachlich auf Veränderungen vorbereitet sind, sondern auch psychologisch und emotional durch den Veränderungsprozess begleitet werden. Laut Schein (2010) ist die Förderung von Resilienz und Stressmanagement ein wichtiger Baustein, um den Mitarbeitenden die notwendige Unterstützung zu bieten, damit sie den Wandel nicht nur überstehen, sondern gestärkt aus ihm hervorgehen.

Die Beratung muss zunehmend maßgeschneiderte Ansätze bieten, die auf die spezifischen Bedürfnisse und die Kultur des Unternehmens eingehen. Standardlösungen reichen nicht mehr aus, um den komplexen und vielfältigen Anforderungen gerecht zu werden. Eine gründliche Analyse der Unternehmenskultur und der spezifischen Herausforderungen ist notwendig, um nachhaltige und gezielte Veränderungen zu entwickeln (Kühl, 2018). Berater müssen sicherstellen, dass Veränderungen nicht nur kurzfristig implementiert werden, sondern tief in den Arbeitsalltag und die Unternehmenskultur integriert werden. Dies erfordert eine enge Zusammenarbeit mit Führungskräften und Mitarbeitenden, um sicherzustellen, dass der Wandel nachhaltig und langfristig erfolgreich ist.

10 Praxis in der Change-Management-Beratung

Ein strukturiertes Change Management hilft dabei, Unsicherheiten zu reduzieren, Widerstände zu überwinden und die langfristige Verankerung von Veränderungen zu sichern. Studien (PwC, 2020), zeigen, dass 79 % der Unternehmen weltweit Nachhaltigkeitsstrategien umsetzen, um ihre Marktposition zu sichern und den steigenden regulatorischen Anforderungen gerecht zu werden. Change Management auf allen Ebenen der Organisation integriert – von der Führung bis zu den Mitarbeitenden – fördert eine Kultur, die den Wandel als kontinuierlichen Prozess begreift und sich flexibel an neue Herausforderungen anpassen kann. Diese Herangehensweise führt zu einer nachhaltigen Verbesserung der Leistungsfähigkeit, einer stärkeren Mitarbeitendenmotivation und einer positiven Unternehmenskultur.

Darüber hinaus haben viele Unternehmen, die erfolgreich Change-Management-Initiativen durchgeführt haben, auch in Krisenzeiten bewiesen, dass sie besser auf Veränderungen reagieren können. Das ermöglicht nicht nur eine schnelle Anpassung an Marktveränderungen, sondern auch eine langfristige Sicherung der Wettbewerbsfähigkeit. In einer Welt, die zunehmend von schnellen technologischen Entwicklungen, geopolitischen Umbrüchen und sich verändernden gesellschaftlichen Anforderungen geprägt ist, wird Change Management immer mehr zu einem Schlüsselfaktor für den Erfolg von Unternehmen (Harvard Business Review, 2020).

Best Practice in Change-Management-Prozessen

Erfolgreiche Transformationen wie die von General Electric und der Deutschen Telekom zeigen eindrucksvoll, wie Change Management als strategisches Instrument genutzt werden kann, um Unternehmen nicht nur durch Krisen zu steuern, sondern auch langfristig neue Geschäftsfelder zu erschließen und ihre Wettbewerbsfähigkeit zu sichern.

Unter der Führung von Jack Welch in den 1990er-Jahren unterzog sich General Electric einem rigorosen Change-Management-Prozess, der auf Effizienzsteigerung, einer klaren Fokussierung auf Kerngeschäfte und der Förderung einer leistungsorientierten Unternehmenskultur abzielte. Welch setzte auf eine konsequente Umsetzung von Veränderungsprozessen, wobei er das Management von Veränderungen als Schlüssel zur Unternehmensrevolution und -erweiterung begleitete. Der Erfolg dieses Wandels trug entscheidend dazu bei, dass General Eletric nicht nur in den USA, sondern weltweit zu einem der erfolgreichsten Unternehmen wurde (Kotter, 1996).

Ein weiteres Beispiel für eine gelungene Transformation ist die Deutsche Telekom. Das Unternehmen, das sich zunächst als traditioneller Telekommunikationsanbieter etablierte, setzte während seiner digitalen Transformation Change-Management-Prinzipien konsequent ein. Durch die Umstellung auf digitale Dienstleistungen und die Integration neuer Technologien in die Unternehmensprozesse konnte die Deutsche Telekom ihre Position im Markt stärken und sich als führender Anbieter digitaler Dienstleistungen etablieren (McKinsey & Company, 2020). Dieser Wandel zeigte, wie ein klar strukturierter Change-Management-Ansatz dabei hilft, eine tiefgehende organisatorische Transformation zu ermöglichen und den langfristigen Erfolg zu sichern.

Beide Beispiele zeigen auf, wie wichtig es ist, Veränderungsprozesse strategisch zu gestalten, systematisch zu implementieren und kontinuierlich anzupassen, um nicht nur kurzfristige Herausforderungen zu bewältigen, sondern langfristig zu wachsen und sich an veränderte Marktbedingungen anzupassen.

Gute Beratungspraxis in Change-Management-Prozessen basiert auf einem klar strukturierten Ansatz, der sowohl die organisatorischen als auch die menschlichen Dimensionen der Veränderung berücksichtigt. Erfolgreiche Berater:innen zeichnen sich durch mehrere zentrale Aspekte aus, die sicherstellen, dass die Transformation nicht nur umgesetzt, sondern auch langfristig in der Organisation verankert wird (siehe auch BDU, 2025).

- Partizipation und Einbindung der Mitarbeitenden: Die Einbindung aller relevanten Stakeholder in den Veränderungsprozess stellt sicher, dass deren Perspektiven gehört werden. Dies fördert nicht nur die Akzeptanz der Veränderung, sondern trägt auch dazu bei, dass Mitarbeitende sich aktiv an der Gestaltung des Wandels beteiligt fühlen (Kotter, 1996).
- Klare Kommunikation: Eine kontinuierliche und offene Kommunikation ist von zentraler Bedeutung, um Ängste zu adressieren, Missverständnisse zu vermeiden und Vertrauen zu schaffen. Regelmäßige Updates und Feedbackmöglichkeiten ermöglichen es, den Prozess dynamisch zu gestalten und auf sich ändernde Bedingungen zu reagieren (Harvard Business Review, 2020).
- Führung und Engagement: Berater:innen sollten Führungskräfte dabei unterstützen, die Rolle als Change Champions aktiv zu übernehmen. Ohne das Engagement und die Unterstützung der Führungsebene können Veränderungsprozesse ins Stocken geraten. Führungskräfte müssen das Vertrauen der Mitarbeitenden gewinnen, um den Wandel nachhaltig umzusetzen (Hiatt, 2006).
- Kulturelle Transformation: Ein erfolgreicher Change-Management-Prozess geht über technologische Anpassungen hinaus. Unternehmen müssen eine Kultur des kontinuierlichen Lernens und der Flexibilität schaffen, um langfristig erfolgreich zu bleiben. Diese Kultur sollte durch alle Ebenen der Organisation getragen werden (Kotter, 1996).

Change Management ist ein dynamischer und integrativer Prozess, der sowohl technologische als auch menschliche Faktoren berücksichtigt. Gute Beratungspraxis sorgt dafür, dass Veränderungsprozesse nicht nur effizient, sondern auch nachhaltig umgesetzt werden. Die Transformation wird nicht nur als technischer Akt wahrgenommen, sondern als ein fortlaufender Lern- und Anpassungsprozess, der in der Unternehmenskultur verankert ist. Unternehmen, die Change Management effektiv anwenden, sind besser darauf vorbereitet, sich an die sich ständig verändernde Geschäftswelt anzupassen und ihre langfristige Wettbewerbsfähigkeit zu sichern. Als weitere Erfolgsfaktoren werden folgende Aspekte hervorgehoben.

Ganzheitlicher Ansatz

Ein ganzheitlicher Ansatz im Change Management ist von entscheidender Bedeutung, um sicherzustellen, dass Veränderungsprozesse nicht nur oberflächlich umgesetzt werden, sondern tief in der Organisation verwurzelt sind. Bei diesem Ansatz wird die Veränderung nicht isoliert betrachtet, sondern in einem integrierten Kontext, der sowohl technische als auch soziale, kulturelle und strategische Dimensionen umfasst. Ein solcher Ansatz berücksichtigt, dass Veränderungen nicht nur in den Prozessen und Strukturen eines Unternehmens, sondern auch in der Art und Weise, wie Menschen arbeiten und miteinander interagieren, stattfinden müssen (Lagler-Özdemir/ Özdemir, 2024).

Ein ganzheitlicher Ansatz bezieht alle Ebenen der Organisation in den Veränderungsprozess ein – von der Führungsebene über das mittlere Management bis hin zu den Mitarbeitenden. Nur durch die aktive Beteiligung aller Akteure kann sichergestellt werden, dass die Veränderungen nicht nur akzeptiert, sondern auch nachhaltig in der Unternehmenskultur verankert werden. Die Führungsebene spielt eine Schlüsselrolle, indem sie als „Change Champion" die Vision und die Notwendigkeit des Wandels klar kommuniziert und als Vorbild agiert. Gleichzeitig müssen die Mitarbeitenden auf allen

Ebenen eingebunden und in die Veränderungsprozesse einbezogen werden, um Widerstände zu vermeiden und die Akzeptanz zu steigern (Kotter, 2012).

Neben den strukturellen und technischen Anpassungen ist es entscheidend, auch die Unternehmenskultur, das Verhalten der Mitarbeitenden und die emotionale Ebene des Wandels zu berücksichtigen. Veränderungen können Ängste und Widerstände hervorrufen, daher muss Change Management die emotionale und soziale Dimension des Wandels ansprechen. Eine Veränderung der Unternehmenskultur erfordert eine kontinuierliche Auseinandersetzung mit den bestehenden Werten, Überzeugungen und Verhaltensmustern. Ein erfolgreicher Change-Management-Prozess fördert ein Klima des Vertrauens, der Offenheit und der Zusammenarbeit, indem er die Mitarbeitenden ermutigt, sich aktiv am Wandel zu beteiligen (Schein, 2010).

Strategische Klarheit und Zielorientierung

Strategische Klarheit und Zielorientierung sind von grundlegender Bedeutung für den Erfolg von Change-Management-Prozessen. Ein effektiver Veränderungsprozess muss immer eng mit den langfristigen Zielen und der übergeordneten Vision einer Organisation verknüpft sein. Ohne diese strategische Ausrichtung riskieren Unternehmen, dass ihre Veränderungsmaßnahmen nicht zielgerichtet sind und somit keine nachhaltigen Ergebnisse erzielen. Laut Kotter (2012) ist eine klare strategische Ausrichtung entscheidend, um die Veränderungen erfolgreich umzusetzen, da sie sicherstellt, dass der Prozess nicht nur kurzfristige Anpassungen, sondern auch langfristigen Erfolg ermöglicht.

Berater:innen spielen in diesem Kontext eine entscheidende Rolle. Sie sind nicht nur dazu da, Veränderungen zu begleiten, sondern auch dabei zu helfen, die strategische Klarheit zu schaffen, die für den Erfolg des gesamten Prozesses erforderlich ist. Ein wichtiger Aspekt dabei ist die präzise Definition von Zielen. Diese müssen nach dem klassischen Zielansatz spezifisch, messbar, erreichbar, realistisch und zeitgebunden (SMART) formuliert werden, um den Veränderungsprozess in die richtige Richtung zu lenken und gleichzeitig die Fortschritte regelmäßig zu überprüfen (Beer/Nohria, 2000). Die strategische Ausrichtung der Ziele stellt sicher, dass die Veränderungen nicht isoliert betrachtet werden, sondern als integraler Bestandteil der Gesamtstrategie des Unternehmens verstanden werden.

Diese Ziele dienen als Orientierung für alle Beteiligten und ermöglichen es, den gesamten Prozess kontinuierlich zu evaluieren und bei Bedarf anzupassen. Eine klare Ausrichtung auf die langfristige Vision garantiert, dass der Veränderungsprozess nicht nur kurzfristige Ergebnisse liefert, sondern auch eine nachhaltige Transformation anstrebt, die mit den Kernwerten und Zielen der Organisation im Einklang steht (Schein, 2010). Durch diese strategische Verknüpfung wird Change Management nicht als isolierte Maßnahme verstanden, sondern als ein kontinuierlicher, langfristiger Prozess, der mit den übergeordneten Zielen der Organisation abgestimmt ist.

Darüber hinaus ist die klare Definition einer Vision von entscheidender Bedeutung. Diese Vision fungiert als Leitbild, das die gesamte Organisation während des Veränderungsprozesses begleitet und die Mitarbeitenden motiviert. Eine starke und klare Vision sorgt für ein gemeinsames Verständnis darüber, wohin die Organisation steuert und welche Werte dabei eine Rolle spielen (Kotter, 2012). Sie trägt dazu bei, dass alle Mitarbeitenden und Führungskräfte sich mit den Veränderungen identifizieren und gemeinsam auf die Erreichung der Ziele hinarbeiten.

Angepasste Change-Strategie

Eine angepasste Change-Strategie ist für den Erfolg von Change-Management-Prozessen von entscheidender Bedeutung. Ein „One-size-fits-all"-Ansatz ist in der Praxis selten effektiv, da jede Organisation einzigartige Merkmale und Herausforderungen aufweist. Erfolgreiche Berater erkennen, dass Change-Strategien individuell auf die spezifischen Bedürfnisse und Rahmenbedingungen eines Unternehmens abgestimmt werden müssen, um den gewünschten Erfolg zu erzielen. Laut Kotter (2012) sind Transformationsprozesse am erfolgreichsten, wenn sie die spezifische Kultur, Struktur und Dynamik eines Unternehmens berücksichtigen und in diesen Kontext eingebettet werden.

Dabei ist es nicht nur entscheidend, die Unternehmenskultur zu verstehen, sondern auch die vorhandenen Ressourcen, die bestehenden organisatorischen Strukturen und die besonderen Herausforderungen der jeweiligen Branche in den Veränderungsprozess zu integrieren. Unternehmen, die in stark regulierten oder hochwettbewerbsintensiven Märkten tätig sind, müssen ihre Change-Strategien anders gestalten als Unternehmen in weniger dynamischen Sektoren. In ähnlicher Weise müssen Unternehmen mit flachen Hierarchien andere Ansätze verfolgen als solche mit komplexeren und bürokratischeren Strukturen (Beer/Nohria, 2000).

Die maßgeschneiderte Vorgehensweise, die in diesem Kontext erforderlich ist, stellt sicher, dass die Veränderungsprozesse nicht nur effizient, sondern auch nachhaltig und kulturell kompatibel sind. Laut Schein (2010) können Veränderungen nur dann langfristig wirksam sein, wenn sie die zugrunde liegende Kultur und die bestehenden Normen innerhalb der Organisation berücksichtigen. Werden Veränderungen als „von außen auferlegt" wahrgenommen oder stimmen sie nicht mit der bestehenden Unternehmenskultur überein, kann es zu Widerständen und geringerer Akzeptanz kommen. Eine maßgeschneiderte Change-Strategie berücksichtigt diese kulturellen Aspekte und sorgt dafür, dass die Mitarbeitenden den Wandel aktiv mittragen.

Zusätzlich erhöht eine individuell angepasste Change-Strategie die Wahrscheinlichkeit, dass die Transformation nicht nur kurzfristig erfolgreich ist, sondern langfristig in die Organisation integriert wird. Unternehmen, die ihre Veränderungen systematisch und auf ihre eigenen Bedürfnisse zugeschnitten umsetzen, sind nicht nur in der Lage, ihre strategischen Ziele zu erreichen, sondern auch flexibel und resilient gegenüber zukünftigen Herausforderungen zu bleiben. In einer Welt, die von ständigen Veränderungen geprägt ist, stellt diese Anpassungsfähigkeit einen entscheidenden Wettbewerbsvorteil dar (Kotter, 2012).

Partizipation und Einbindung

Die aktive Einbindung der Mitarbeitenden ist ein wesentlicher Bestandteil jedes erfolgreichen Veränderungsprozesses. Laut einer Studie von Kotter (2012) ist die Beteiligung der Mitarbeitenden der Schlüssel zur erfolgreichen Implementierung von Veränderungen. Veränderungsprozesse, die die Mitarbeitenden nicht nur als Betroffene, sondern als aktive Mitgestalter einbeziehen, sind signifikant erfolgreicher. Diese Herangehensweise führt nicht nur zu einer höheren Akzeptanz und einer stärkeren Identifikation mit den Veränderungen, sondern auch zu einer besseren Umsetzung der Veränderungen im Arbeitsalltag.

Die Einbindung der Mitarbeitenden hat mehrere Vorteile: Sie steigert nicht nur das Vertrauen in die Führungskräfte, sondern sorgt auch dafür, dass der Veränderungsprozess aus der Praxis heraus gestaltet wird. Mitarbeitende bringen wertvolle Einblicke und Perspektiven aus ihrem Arbeitsalltag ein, die den Veränderungsprozess bereichern und ihn an die tatsächlichen Bedürfnisse der Organisation anpassen. Diese Co-Creation, wie sie auch in vielen modernen Change-Management-Modellen beschrieben wird, fördert nicht nur die Akzeptanz, sondern trägt auch dazu bei, dass Veränderungen besser in die Unternehmenskultur integriert werden (Schein, 2010).

Ein weiterer Vorteil der Mitarbeitendeneinbindung ist, dass die Veränderung nicht nur von oben nach unten verordnet wird, sondern als gemeinsamer Prozess verstanden wird. Laut einer Untersuchung von HBR (2020) zeigen Unternehmen, die ihre Mitarbeitenden in den Veränderungsprozess einbeziehen, eine höhere Bereitschaft zur Zusammenarbeit und eine stärkere langfristige Bindung an die neuen Ziele. Dies hilft, Widerstände abzubauen und stellt sicher, dass Veränderungen nicht als temporäre Anpassungen wahrgenommen werden, sondern als integraler Bestandteil der Unternehmenskultur. Indem alle relevanten Stakeholder – von der Führungsebene bis zu den Mitarbeitenden – aktiv beteiligt sind, wird die Nachhaltigkeit der Veränderung erheblich gefördert.

Eine erfolgreiche Veränderung ist nicht nur durch die Gestaltung von Prozessen und Strukturen erreicht wird, sondern vor allem durch die aktive und kontinuierliche Einbindung der Mitarbeitenden. Diese partizipative Vorgehensweise führt zu einem stärkeren Engagement und einer besseren Umsetzung der Veränderungen, da Mitarbeitende das Gefühl haben, aktiv an der Gestaltung ihrer eigenen Arbeitswelt beteiligt zu sein.

Kommunikation und Transparenz

Kommunikation ist zweifellos der Schlüssel zum Erfolg jedes Veränderungsprozesses, insbesondere in Zeiten tiefgreifender Transformationen. Laut einer Studie von Kotter (1996) spielt die Kommunikation eine zentrale Rolle bei der Überwindung von Widerständen und Unsicherheiten, die häufig mit Veränderungen einhergehen. Veränderungsprozesse können bei den Mitarbeitenden Ängste und Bedenken hervorrufen, die, wenn sie nicht rechtzeitig adressiert werden, die Akzeptanz und den Erfolg des Wandels gefährden können. Eine klare, offene und regelmäßige Kommunikation hilft, diese Unsicherheiten abzubauen und schafft ein gemeinsames Verständnis dafür, warum die Veränderung notwendig ist und wie sie umgesetzt wird.

Berater:innen spielen eine entscheidende Rolle in diesem Prozess, indem sie sicherstellen, dass die Kommunikation nicht nur zu Beginn, sondern kontinuierlich während des gesamten Veränderungsprozesses aufrechterhalten wird. Dies umfasst die regelmäßige Information über Fortschritte, erreichte Meilensteine und etwaige Herausforderungen, die während des Wandels auftreten können. Laut einer Untersuchung von Harvard Business Review (2019) führt eine kontinuierliche Kommunikation dazu, dass Mitarbeitende das Gefühl haben, in den Prozess eingebunden zu sein, und sie stärken das Vertrauen in die Führungskräfte und den Veränderungsprozess insgesamt.

Eine proaktive und ehrliche Kommunikation fördert nicht nur das Vertrauen, sondern hilft auch, Missverständnisse zu vermeiden und potenziellen Widerständen frühzeitig entgegenzuwirken. Wenn die Mitarbeitenden verstehen, warum die Veränderung notwendig ist und welche Rolle sie dabei spielen, steigt ihre Bereitschaft, die Veränderung mitzutragen. Laut der Studie von Kotter (1996) zeigt sich, dass Veränderungen, die von transparenter und kontinuierlicher Kommunikation begleitet werden, eine höhere Akzeptanz und langfristige Integration erfahren.

Ein weiterer wichtiger Aspekt der Kommunikation ist, dass sie nicht nur von oben nach unten erfolgt, sondern auch den Dialog zwischen Führungskräften, Mitarbeitenden und anderen Stakeholdern fördert. Indem Berater:innen eine Kultur der Offenheit und des Dialogs schaffen, wird die Veränderung nicht als externes, aufgezwungenes Ereignis wahrgenommen, sondern als gemeinschaftlicher, nachvollziehbarer Schritt, den alle gemeinsam gestalten und vorantreiben.

Flexibilität
Veränderungsprozesse verlaufen selten genau nach Plan, und deshalb ist es für Berater:innen von entscheidender Bedeutung, flexibel und anpassungsfähig zu sein. Laut einer Studie von McKinsey (2014)

haben Unternehmen, die ihre Veränderungsprozesse agil und dynamisch gestalten, eine signifikant höhere Erfolgsquote als solche, die starr an einem ursprünglichen Plan festhalten. Veränderungsprozesse unterliegen oft unvorhergesehenen Herausforderungen und neuen Bedingungen, die Anpassungen erfordern. Gute Berater:innen erkennen frühzeitig solche Herausforderungen und passen ihre Strategien entsprechend an, um sicherzustellen, dass die Transformation weiterhin in die gewünschte Richtung führt. Diese Flexibilität ermöglicht es, den Prozess auf sich verändernde Bedingungen auszurichten, ohne das übergeordnete Ziel aus den Augen zu verlieren.

Ein zentraler Bestandteil dieser Flexibilität ist die Fähigkeit, schnell auf neue Informationen und Entwicklungen zu reagieren und die Ansätze entsprechend zu modifizieren. Die Berater:innen müssen nicht nur in der Lage sein, Anpassungen vorzunehmen, sondern auch den gesamten Veränderungsprozess kontinuierlich evaluieren, um sicherzustellen, dass er langfristig auf Kurs bleibt (Kotter, 1996). Diese dynamische Herangehensweise stellt sicher, dass auch unter unsicheren oder sich verändernden Umständen der Wandel erfolgreich und nachhaltig gestaltet werden kann.

Doch der Wandel umfasst nicht nur die technologische und organisatorische Ebene, sondern auch eine tiefgreifende menschliche Dimension. Ein erfolgreicher Transformationsprozess muss sowohl die emotionalen als auch die sozialen Bedürfnisse der Mitarbeitenden berücksichtigen. Laut einer Untersuchung von Prosci (2019) ist es für den Erfolg eines Veränderungsprozesses entscheidend, dass die Mitarbeitenden emotional und sozial in den Wandel eingebunden werden. Berater:innen sollten empathisch agieren, Ängste und Widerstände frühzeitig erkennen und darauf eingehen. Durch gezielte Unterstützung auf emotionaler Ebene können sie den Mitarbeitenden helfen, den Wandel nicht als Bedrohung, sondern als Chance zu begreifen. Wenn die Mitarbeitenden das Gefühl haben, dass ihre Ängste gehört und ihre Sorgen berücksichtigt werden, sind sie eher bereit, den Veränderungsprozess zu unterstützen und aktiv mitzugestalten.

Nachhaltigkeit und langfristige Integration

Nachhaltigkeit und langfristige Integration von Veränderungen sind von zentraler Bedeutung, wenn der Wandel in einer Organisation nicht nur oberflächlich, sondern tief in der Unternehmenskultur und -struktur verankert werden soll. Studien zeigen, dass der wahre Erfolg von Veränderungsprozessen nicht nur in der erfolgreichen Implementierung der Veränderungen liegt, sondern in ihrer langfristigen Verankerung. Laut einer Untersuchung von Prosci (2018) ist es entscheidend, den Wandel in die tägliche Praxis zu integrieren und sicherzustellen, dass er nicht nur als temporäre Maßnahme, sondern als kontinuierlicher Bestandteil der Unternehmenskultur wahrgenommen wird.

Die Herausforderung eines erfolgreichen Change Managements liegt in der nachhaltigen Etablierung neuer Prozesse, Werte und Strukturen, was über die ersten Schritte der Veränderung hinausgeht. Gute Berater wissen, dass ein einmal durchgeführter Veränderungsprozess nicht automatisch bedeutet, dass er langfristig erfolgreich ist. Vielmehr müssen gezielte Maßnahmen ergriffen werden, um sicherzustellen, dass die Veränderungen dauerhaft im Unternehmen verankert werden. Ein kontinuierliches Monitoring-System, das die Fortschritte überwacht und auf Abweichungen reagiert, ist unerlässlich. Ein solches System hilft dabei, den Veränderungsprozess zu überwachen und notwendige Anpassungen vorzunehmen, bevor potenzielle Probleme die Umsetzung gefährden (Kotter, 1996).

Ein weiteres zentrales Element für eine nachhaltige Veränderung ist die regelmäßige Rückmeldung von Mitarbeitenden und Stakeholdern. Feedbackschleifen ermöglichen es, die Reaktionen und Perspektiven der betroffenen Personen einzuholen und den Veränderungsprozess gegebenenfalls anzupassen. Dies fördert nicht nur das Vertrauen in den Prozess, sondern sorgt auch dafür, dass die Veränderungen den tatsächlichen Bedürfnissen der Organisation gerecht werden.

Die Rolle der Führungskräfte ist in der Phase der Verstetigung von Veränderungsprozessen besonders entscheidend. Sie dienen als Vorbilder und sind dafür verantwortlich, dass die neuen Strukturen, Prozesse und kulturellen Elemente im Arbeitsalltag integriert werden. Laut einer Studie von McKinsey (2018) ist die Unterstützung durch Führungskräfte und deren Vorbildfunktion einer der wichtigsten Faktoren für den langfristigen Erfolg von Change-Management-Initiativen. Führungskräfte sollten kontinuierlich über die Bedeutung der Veränderung kommunizieren und durch regelmäßige Schulungen und Weiterbildungen die Mitarbeitenden befähigen, die Neuerungen zu festigen.

Zusammenarbeit und Co-Creation

Erfolgreiche Berater:innen verstehen ihre Rolle nicht nur als externe Expert:innen, sondern als integrale Partner der Organisation. Ihre Aufgabe ist es, in enger Zusammenarbeit mit internen Teams Lösungen zu entwickeln, die nicht nur theoretisch fundiert, sondern auch praktisch umsetzbar sind und den spezifischen Bedürfnissen der Organisation gerecht werden. Diese enge Partnerschaft stellt sicher, dass die entwickelten Veränderungsstrategien direkt auf die realen Gegebenheiten und Herausforderungen der Organisation abgestimmt sind und damit eine höhere Erfolgswahrscheinlichkeit haben.

Ein zentrales Konzept in diesem Kontext ist der Ansatz der Co-Creation, der sicherstellt, dass alle relevanten Akteure aktiv in den Veränderungsprozess eingebunden werden. Co-Creation bedeutet, dass nicht nur Berater:innen die Veränderungen gestalten, sondern dass alle Mitarbeitenden, Führungskräfte und Stakeholder ihre Perspektiven und Expertise einbringen. Diese aktive Beteiligung fördert das Gefühl der Mitgestaltung und Verantwortung, was die Akzeptanz der Veränderungen erheblich erhöht. Wenn Mitarbeitende das Gefühl haben, dass ihre Meinungen und Ideen einen direkten Einfluss auf die Transformation haben, steigt ihr Engagement und ihre Motivation, die Veränderungen erfolgreich umzusetzen.

Die Zusammenarbeit und Co-Creation führen zu einer stärkeren Identifikation mit den Veränderungen und einem höheren Maß an Vertrauen gegenüber den Berater:innen und der Führung. Sie helfen dabei, Lösungen zu entwickeln, die nicht nur theoretisch ideal erscheinen, sondern praktisch umsetzbar und mit der bestehenden Unternehmenskultur kompatibel sind. Dies trägt dazu bei, dass die Veränderungen nicht als von außen aufgezwungen wahrgenommen werden, sondern als gemeinschaftlich erarbeitete Lösungen, die von allen Beteiligten mitgetragen werden.

Berater:innen, die als gleichwertige Partner agieren und die Führungskräfte sowie Mitarbeitenden in den Veränderungsprozess einbeziehen, schaffen ein kooperatives Umfeld, das langfristige und nachhaltige Veränderungen fördert. Co-Creation fördert nicht nur die Akzeptanz der Veränderungen, sondern trägt auch dazu bei, dass die Organisation als Ganzes wächst und die Veränderungen tief in der Unternehmenskultur verankert werden.

Ein weiterer Vorteil des Co-Creation-Ansatzes ist die erhöhte Innovationskraft. Da alle relevanten Akteure beteiligt sind, entstehen oft neue, kreative Lösungsansätze, die auf verschiedenen Perspektiven und Erfahrungen basieren. Dies kann die Qualität der Veränderungsstrategien erheblich steigern und die Organisation für zukünftige Herausforderungen besser wappnen. Laut einer Studie von Harvard Business Review (2018) ist Co-Creation ein wirksames Mittel, um Innovationen zu fördern und gleichzeitig die Mitarbeitenden in den Veränderungsprozess einzubinden, was zu einer höheren Zufriedenheit und einem besseren Gesamtergebnis führt.

Respekt und Integrität

Respektvolle Kommunikation zeigt Wertschätzung für die Perspektiven der Mitarbeitenden und Führungskräfte und stellt sicher, dass ihre Anliegen gehört und in den Veränderungsprozess einbezogen werden. Diese wertschätzende Herangehensweise fördert nicht nur das Vertrauen, sondern trägt auch dazu bei, dass die Mitarbeitenden eine aktive Rolle im Veränderungsprozess übernehmen. Sie erkennen die Bedeutung ihrer Beiträge und werden motiviert, sich stärker in den Transformationsprozess einzubringen. Laut einer Studie von McKinsey & Company (2015) hat respektvolle Kommunikation einen direkten Einfluss auf die Veränderungsbereitschaft und das Engagement der Mitarbeitenden.

Integrität bedeutet für Berater:innen, in ihrer Arbeit stets ehrlich zu sein, Herausforderungen offen anzusprechen und Verantwortung zu übernehmen. Indem Berater:innen authentisch agieren, stärken sie ihre Glaubwürdigkeit und das Vertrauen in den Veränderungsprozess. Laut einer Untersuchung der Harvard Business Review (2019) haben Organisationen, die auf transparente und ehrliche Kommunikation setzen, eine höhere Erfolgsquote bei der Umsetzung von Veränderungen, da Mitarbeitende den Veränderungen mit größerem Vertrauen begegnen.

Eine respektvolle und integrere Kommunikation ist die Grundlage für eine erfolgreiche Transformation. Sie stellt sicher, dass Veränderungen nicht als „von oben herab" oktroyiert wahrgenommen werden, sondern als gemeinschaftlicher Prozess, bei dem alle Beteiligten aktiv mitwirken und sich als Teil des Wandels verstehen. Nur so kann der Veränderungsprozess nachhaltig in der Organisation verankert werden.

Ethik und Verantwortung

Gute Berater:innen handeln stets ethisch und verantwortungsbewusst, indem sie das Wohl des Unternehmens sowie der Mitarbeitenden in den Mittelpunkt ihrer Beratung stellen. Sie berücksichtigen nicht nur die kurzfristigen Bedürfnisse und Lösungen, sondern legen besonderen Wert auf langfristige, nachhaltige Maßnahmen, die das Unternehmen sowohl kurzfristig als auch in der Zukunft stärken. Dabei achten sie auf eine ganzheitliche Betrachtung, die soziale, wirtschaftliche und ökologische Aspekte in den Veränderungsprozess integriert. Laut einer Studie der Harvard Business Review (2020) ist die ethische Dimension des Change Managements entscheidend, um das Vertrauen und die Akzeptanz der Mitarbeitenden zu gewinnen. Ein verantwortungsbewusster Ansatz, der sowohl das Wohl der Mitarbeitenden als auch den langfristigen Erfolg des Unternehmens berücksichtigt, führt zu einer höheren Zufriedenheit und einer stärkeren Identifikation der Mitarbeitenden mit den Veränderungen.

Ein ethischer Beratungsansatz umfasst die Schaffung von Veränderungen, die nicht nur die Effizienz und Wirtschaftlichkeit verbessern, sondern auch mit ethischen Prinzipien wie Respekt, Transparenz und Fairness im Einklang stehen. Laut der International Federation of Red Cross and Red Crescent Societies (2021) können Unternehmen, die Verantwortung übernehmen und sich ethischen Standards verpflichtet fühlen, eine nachhaltige und langfristige Veränderung in ihren Strukturen und Prozessen fördern. Dies bedeutet auch, dass Berater:innen nicht nur auf den wirtschaftlichen Erfolg, sondern auch auf die sozialen und ökologischen Auswirkungen ihrer Empfehlungen achten müssen.

Messbarkeit und Erfolgskontrolle

Gute Beratungspraxis im Change Management erfordert die Festlegung klarer Metriken, um den Fortschritt und Erfolg eines Transformationsprozesses messbar zu machen. Laut einer Studie der McKinsey & Company (2015) sind messbare Ziele und die kontinuierliche

Erfolgskontrolle wesentliche Faktoren, um Veränderungen langfristig erfolgreich umzusetzen. Berater:innen sollten spezifische, messbare und realistische Ziele definieren, die als Grundlage für die Erfolgskontrollen dienen. Diese Ziele müssen nicht nur quantitative Kennzahlen, sondern auch qualitative Kriterien wie die Mitarbeitendenakzeptanz oder kulturelle Veränderungen umfassen, um eine ganzheitliche Erfolgsmessung zu gewährleisten.

Ein zentraler Bestandteil erfolgreicher Veränderungsprozesse ist die regelmäßige Überprüfung des Fortschritts. Laut einer Untersuchung von Bain & Company (2018) haben Unternehmen, die regelmäßige Fortschrittsbewertungen und Anpassungen in ihren Veränderungsprozessen vornehmen, eine höhere Erfolgsquote. Durch diese kontinuierliche Evaluierung können Berater:innen schnell feststellen, ob die festgelegten Ziele erreicht werden und ob Anpassungen erforderlich sind, um den Prozess weiter zu optimieren. Dies ermöglicht eine dynamische Steuerung des Transformationsprozesses, bei der der Berater flexibel reagieren kann, um sicherzustellen, dass der Veränderungsprozess auf Kurs bleibt.

Messbarkeit sorgt nicht nur für Klarheit über den Stand des Prozesses, sondern auch für die langfristige Verankerung von Veränderungen. Klaus Schilling, Professor für Management, betont in seiner Arbeit zur Strategieumsetzung (2020), dass die Definition klarer Messgrößen eine wichtige Voraussetzung dafür ist, dass Veränderungen nicht nur implementiert, sondern auch nachhaltig in der Organisation verankert werden. Indem Berater:innen kontinuierlich nachjustieren und den Fortschritt regelmäßig überwachen, stellen sie sicher, dass die gewünschten Ergebnisse nicht nur erreicht, sondern auch langfristig gesichert und in die Unternehmenskultur integriert werden.

Wertebasiertes Change Management

Change Management ist eine komplexe Disziplin, die nicht nur die Implementierung technischer Veränderungen umfasst, sondern auch tief in den sozialen, kulturellen und ethischen Aspekten einer Organisation verankert ist. Ein wertebasierter Ansatz im Change Management stellt sicher, dass Veränderungsprozesse nicht nur effizient und zielgerichtet sind, sondern auch im Einklang mit den grundlegenden menschlichen und sozialen Werten der Organisation. Hierbei spielen Werte wie Respekt, Integrität, Transparenz und Empowerment eine zentrale Rolle. Diese Werte leiten Berater:innen in ihrer Arbeit, um sowohl die technische als auch die menschliche Dimension der Veränderung zu berücksichtigen und dabei nachhaltige, positive Ergebnisse zu erzielen (Schein, 2010).

Humanistische Werte sind die Grundlage für jede Form des Change Managements. Sie fördern eine Kultur der Wertschätzung, in der die Perspektiven der Mitarbeitenden gehört und respektiert werden. Integrität und Transparenz bilden das ethische Fundament für Beratung und Implementierung von Veränderungen. Laut Kotter (2012) ist es wichtig, dass Führungskräfte und Berater:innen stets ehrlich und authentisch kommunizieren, um das Vertrauen der Mitarbeitenden zu gewinnen und eine solide Basis für die Umsetzung von Veränderungen zu schaffen.

Empowerment ist ein weiterer zentraler Wert im Change Management. Berater:innen arbeiten aktiv daran, Individuen und Teams die Verantwortung für den Wandel zu übergeben und ihr Volles Potenzial zu entfalten. Dies fördert nicht nur das Engagement der Mitarbeitenden, sondern auch die Bereitschaft, Verantwortung zu übernehmen und Veränderungen aktiv mitzugestalten (Heifetz, 1994). Kollaboration und Teamarbeit sind dabei Schlüsselkomponenten, die den Erfolg von Veränderungsprozessen nachhaltig sichern.

Der agile Ansatz ergänzt die humanistischen Werte und stellt Flexibilität, schnelle Anpassungsfähigkeit und kontinuierliche Verbesserung in den Mittelpunkt des Change Managements. In der Praxis bedeutet dies, dass Veränderungsprozesse iterativ durchgeführt werden, indem regelmäßig Feedback von allen Beteiligten eingeholt und der Prozess entsprechend angepasst wird. Laut einer Studie von McKinsey & Company (2019) fördert der agile Ansatz nicht nur die Geschwindigkeit der Veränderung, sondern ermöglicht es auch, kontinuierlich auf Veränderungen in der Organisation und dem Markt zu reagieren. Ein weiteres Element der agilen Transformation ist die Selbstorganisation von Teams. Durch die Einführung agiler Prinzipien wird den Mitarbeitenden mehr Verantwortung für ihre Arbeit und die Gestaltung des Veränderungsprozesses übertragen, was zu höherer Motivation und besserer Zusammenarbeit führt. Dieser partizipative Ansatz fördert eine demokratische Unternehmenskultur, in der alle Mitarbeitenden eine Stimme haben und aktiv an Entscheidungsprozessen beteiligt sind (Highsmith, 2002).

Die Anwendung von humanistischen Werten und agilen Prinzipien erfordert eine bewusste Anpassung an die kulturellen und organisatorischen Unterschiede in verschiedenen Kontexten. Edgar Schein (2010) betont, dass Change Management nicht nur universelle Werte auf ein Unternehmen anwenden sollte, sondern auch die spezifischen kulturellen Normen und Werte berücksichtigen muss. Eine globale Change-Management-Initiative muss daher flexibel auf lokale Bedürfnisse reagieren und eine Balance zwischen universellen Werten und lokalen Anpassungen finden.

Die Rolle von Change-Management-Berater:innen entwickelt sich kontinuierlich. Traditionell als externe Expert:innen eingesetzt, werden sie zunehmend als Katalysator:innen und Ausbilder:innen für neue Technologien und Prozesse in der Organisation wahrgenommen. Laut Schein (2010) und Kotter (2012) erfordert der Wandel nicht nur technische Expertise, sondern auch die Fähigkeit, die

Mitarbeitenden emotional und kulturell durch den Prozess zu begleiten. Berater:innen müssen dabei nicht nur als Ratgeber agieren, sondern auch als Coaches und Begleiter:innen, die den Change-Prozess in enger Zusammenarbeit mit der Organisation gestalten.

Erfolgreiche Partnerschaft für Veränderungsprozesse

Eine der zentralen Eigenschaften erfolgreicher Auftraggeber:innen ist ihre Fähigkeit zur klaren Steuerung und Führung des Veränderungsprozesses. Sie müssen in der Lage sein, klare Ziele zu formulieren und die Richtung des Prozesses regelmäßig zu überprüfen. Laut einer Studie von McKinsey & Company (2018) zeigt sich, dass die strategische Klarheit in Veränderungsprozessen ein Schlüssel zum Erfolg ist. Ohne klare Ausrichtung und Orientierung riskieren Unternehmen, dass der Veränderungsprozess fragmentiert und ineffizient wird. Transparente Kommunikation sowie regelmäßiges Feedback sind ebenfalls unverzichtbar, um sicherzustellen, dass alle Beteiligten zielgerichtet arbeiten können (Kotter, 1996).

Ein weiterer wichtiger Aspekt ist dabei die partnerschaftliche Zusammenarbeit zwischen Auftraggeber:innen und Berater:innen. Diese Beziehung basiert auf Vertrauen und gegenseitiger Wertschätzung, was zu einer offenen Kommunikation und einer konstruktiven Lösungsfindung führt. Erfolgreiche Berater bauen langfristige Partnerschaften mit ihren Kunden auf und unterstützen sie bei der Umsetzung von Strategien. Schein (2010) betont, dass Vertrauen der Schlüssel ist, um tiefgreifende Veränderungen erfolgreich umzusetzen, da es dazu beiträgt, auch unangenehme Wahrheiten und Widerstände anzusprechen. Eine enge Zusammenarbeit schafft nicht nur eine positive Arbeitsatmosphäre, sondern ermöglicht es auch, die Perspektiven aller Beteiligten zu integrieren und gemeinsam Lösungen zu entwickeln.

Darüber hinaus zeichnen sich erfolgreiche Auftraggeber:innen durch ihre diagnostischen und reflexiven Fähigkeiten aus. Sie erkennen die unbewussten Dynamiken und Muster innerhalb ihrer Organisation und sind in der Lage, tieferliegende Probleme zu identifizieren, die während des Veränderungsprozesses angegangen werden müssen. Heifetz (1994) beschreibt diese Fähigkeit als die „adaptive Leadership" Fähigkeit, bei der Führungskräfte in der Lage sein müssen, auch komplexe und schwer fassbare Herausforderungen zu erkennen und Lösungen zu entwickeln.

Visionäres Denken ist ebenso von zentraler Bedeutung. Ein klarer Blick auf die langfristigen Ziele und die strategische Ausrichtung der Organisation ermöglicht es den Auftraggeber:innen den Veränderungsprozess kontinuierlich in die richtige Richtung zu lenken. Eine klare Vision gibt nicht nur den Mitarbeitenden Orientierung, sondern sorgt auch dafür, dass der Veränderungsprozess nicht als isolierte Initiative, sondern als Teil einer umfassenden Unternehmensstrategie wahrgenommen wird (Kotter, 2012).

Ein Mut zur Veränderung und Konfliktbereitschaft sind ebenfalls notwendige Merkmale von starken Auftraggeber:innen. Sie müssen bereit sein, schwierige Entscheidungen zu treffen und Konflikte offen anzugehen, um den Veränderungsprozess voranzutreiben. Laut einer Untersuchung von Bain & Company (2017) zeigen Unternehmen mit starken Führungskräften, die bereit sind, Konflikte zu adressieren, eine höhere Erfolgsquote bei der Umsetzung von Veränderungsprozessen. Indem sie Berater:innen ermutigen, starke Interventionen durchzuführen und Widerstände aktiv zu bearbeiten, schaffen sie die Voraussetzung, dass der Wandel nicht nur geplant, sondern auch umgesetzt wird.

Ein weiterer essenzieller Aspekt für erfolgreiche Auftraggeber:innen ist die offene Kommunikation. Transparenz und die Bereitschaft, auch kritische Themen anzusprechen, tragen maßgeblich dazu bei, Missverständnisse zu vermeiden und den Veränderungsprozess klar und nachvollziehbar zu gestalten. Edgar Schein (2010) weist darauf hin, dass Organisationen, die eine Kultur der offenen Kommunikation pflegen, eine höhere Akzeptanz für Veränderungen erleben und gleichzeitig die Mitarbeitendenbindung stärken.

Veränderungsprozesse benötigen Zeit, und Geduld ist ein wichtiger Faktor. Gute Auftraggeber:innen sind sich bewusst, dass langfristige Perspektiven erforderlich sind, um die angestrebten Veränderungen zu integrieren. Sie investieren die notwendigen Ressourcen und stellen sicher, dass der Erfolg des Transformationsprozesses über kurzfristige Ergebnisse hinausgeht. Diese langfristige Orientierung und Geduld sind für den Erfolg von Change-Management-Initiativen von entscheidender Bedeutung (Kotter, 2012).

Schließlich übernehmen starke Auftraggeber:innen die volle Verantwortung für den Erfolg des Transformationsprozesses. Sie agieren als treibende Kraft, die den Wandel aktiv vorantreibt. Sie verstehen sich nicht nur als Auftraggeber:innen, sondern als aktive Mitgestalter des Prozesses. Berater:innen sind in dieser Rolle Partner, die bei der Umsetzung unterstützen, aber die Verantwortung für den Erfolg bleibt bei den Auftraggeber:innen. Durch diese Verantwortungsübernahme schaffen Auftraggeber:innen die Grundlage für eine nachhaltige Transformation, die nicht nur auf die Implementierung von Veränderungen abzielt, sondern auch die Kultur und die strukturellen Gegebenheiten der Organisation langfristig stärkt (Schein, 2010).

Im nächsten Abschnitt werden wir, um die oben genannten Aspekte guter Beratungspraxis zu untermauern, einen kurzen Einblick in unsere Change-Management-Praxis nehmen. Dabei fokussieren wir uns auf die zentralen Phasen, die unsere Beratungspraxis ausmachen und die für einen erfolgreichen Veränderungsprozess entscheidend sind. Anhand von konkreten Beispielen und Methoden aus verschiedenen Praxisprojekten, zeigen wir auf, wie wir in der Praxis Change-Management-Prozesse begleiten und welche Prinzipien dabei stets im Vordergrund stehen. So werden die theoretischen Grundlagen mit praktischen Erfahrungen und Handlungsempfehlungen verbunden, die als Orientierung für eine erfolgreiche Veränderung dienen können.

Statt einer Zusammenfassung: Einblick in unsere Change-Management-Praxis

Im Laufe der letzten vier Jahrzehnten haben wir uns in der Beratung intensiv mit der Praxis des Change Managements auseinandergesetzt und eine fundierte Methodik entwickelt, die sowohl die strukturellen als auch die kulturellen Dimensionen von Veränderungen berücksichtigt. Diese langjährige Erfahrung hat uns gelehrt, dass ein effektives Change Management weit mehr ist als das bloße Implementieren neuer Prozesse oder Technologien – es geht darum, eine tiefgreifende Transformation zu ermöglichen, die sowohl die strategische Ausrichtung des Unternehmens als auch das Engagement und die Akzeptanz der Mitarbeitenden berücksichtigt.

Unsere Change-Management-Architektur wurde speziell auf die Bedürfnisse der jeweiligen Organisationen zugeschnitten, um sicherzustellen, dass die Veränderungen nicht nur effizient durchgeführt werden, sondern auch nachhaltig und mit einem hohen Maß an sozialer Verantwortung umgesetzt werden. Dabei haben wir stets einen ganzheitlichen Ansatz verfolgt, der alle relevanten Ebenen der Organisation einbezieht – von der Führungsebene bis hin zu den Mitarbeitenden. Nur so kann gewährleistet werden, dass der Wandel von allen Beteiligten getragen und akzeptiert wird. Partizipation und Einbindung sind essentielle Bausteine unseres Ansatzes, da die Mitarbeitenden nicht nur als Betroffene, sondern als aktive Mitgestalter eingebunden werden. Diese Einbindung stärkt die Akzeptanz und das Engagement und verbessert die Qualität der Veränderungen.

Zentraler Bestandteil unseres Ansatzes ist die enge Zusammenarbeit mit allen Stakeholdern. Wir haben festgestellt, dass der Erfolg von Veränderungsprozessen nicht nur durch die Implementierung neuer Systeme oder Strukturen bestimmt wird, sondern auch durch die Art und Weise, wie die Mitarbeitenden in den Prozess eingebunden werden. Eine klare Kommunikation, transparente Zielsetzungen und regelmäßiges Feedback sind die Grundpfeiler dieser Zusammenarbeit. Nur wenn alle Beteiligten verstehen, warum Veränderungen notwendig sind und welche Rolle sie selbst dabei spielen, können diese nachhaltig akzeptiert und in die Unternehmenskultur integriert werden. Kommunikation und Transparenz sind nicht nur strategische Werkzeuge, sondern auch Voraussetzungen für Vertrauen und effektive Zusammenarbeit.

Ein weiterer wichtiger Aspekt unserer Change-Management-Strategie war es, die sozialen und kulturellen Dimensionen des Wandels zu berücksichtigen. Veränderung erfordert nicht nur Anpassungen in Prozessen und Strukturen, sondern auch in der Einstellung und dem Verhalten der Mitarbeitenden, dem sogenannten Mindset. Wir haben daher großen Wert darauf gelegt, die Unternehmenskultur während des gesamten Prozesses zu stärken und sicherzustellen, dass die Veränderungen in einer Art und Weise eingeführt wurden, die die Werte und Bedürfnisse der Organisation respektiert und berücksichtigt. Dieser Respekt und die Integrität sind fundamentale Prinzipien, die das Vertrauen stärken und die Mitarbeitenden dazu ermutigen, den Wandel als Chance zu begreifen.

Unsere Erfahrung hat gezeigt, dass Veränderungsprozesse dann besonders erfolgreich sind, wenn sie nicht isoliert betrachtet werden, sondern als integraler Bestandteil der gesamten Unternehmensstrategie. Der Wechsel zu neuen Arbeitsweisen, Technologien und Strukturen erfordert eine klare strategische Ausrichtung und die Fähigkeit, flexibel auf unvorhergesehene Herausforderungen zu reagieren. Fokus auf die menschliche Dimension ist von ebenso großer

Bedeutung wie die technische und organisatorische Anpassung. So können die Veränderungen nicht nur effizient umgesetzt, sondern auch tief in der DNA der Organisation verankert werden. Unser Ansatz hat es uns ermöglicht, diese Flexibilität zu wahren, während gleichzeitig eine klare Richtung und Vision vorgegeben wurden.

Insgesamt haben wir durch diese praxisorientierte Herangehensweise eine Change-Management-Strategie entwickelt, die nicht nur kurzfristige Effizienzgewinne bringt, sondern auch langfristig zur kulturellen und strukturellen Stabilität der Organisation beiträgt. Veränderung wird nicht als einmaliges Projekt, sondern als kontinuierlicher Prozess verstanden, der ständig überwacht und angepasst wird, um den langfristigen Erfolg zu sichern. Dies entspricht der Erkenntnis, dass Change Management ein fortlaufender Prozess ist, der nie abgeschlossen ist und stetig evaluiert werden muss.

Es zeigt sich, dass erfolgreiche Change-Management-Praktiken eine klare Vision, strategische Ausrichtung, enge Zusammenarbeit mit allen Beteiligten und die Berücksichtigung der sozialen Verantwortung umfassen müssen. Nur durch die Integration all dieser Aspekte können Unternehmen tiefgreifende und nachhaltige Veränderungen erreichen, die ihre Wettbewerbsfähigkeit langfristig sichern und gleichzeitig die Mitarbeitenden und die Unternehmenskultur stärken. Ein Change Management, das diese Werte lebt, schafft nicht nur Veränderungen, sondern fördert auch das Wohl der Organisation und ihrer Mitglieder.

Vorbereitung und Bewusstseinsschaffung

Die Vorbereitung auf Veränderungsprozesse ist von zentraler Bedeutung, da sie den Grundstein für die erfolgreiche Umsetzung von Change Management legt. Der erste Schritt, den wir in unserem Ansatz verfolgten, war die Schaffung eines klaren Bewusstseins für die Notwendigkeit der Veränderung. Dieser Prozess beginnt mit der Bereitschaft, Veränderungen als Chance zu sehen und die Organisation sowie die Mitarbeitenden auf den Wandel vorzubereiten. Ein wesentlicher Bestandteil dieser Vorbereitung ist das Konzept der „Readiness to Change", also der Bereitschaft, Veränderung aktiv zu akzeptieren und zu gestalten (Armenakis et al., 1993). Um diese Bereitschaft zu fördern, haben wir uns zunächst auf die Definition klarer strategischer Ziele konzentriert, die eng mit der langfristigen Vision des Unternehmens verknüpft waren. Diese Ziele dienten als Leitfaden für den gesamten Veränderungsprozess und ermöglichten es, die geplanten Maßnahmen und deren Auswirkungen auf die Wettbewerbsfähigkeit und Nachhaltigkeit des Unternehmens transparent darzustellen.

Ein weiterer wichtiger Schritt in der Vorbereitung war die Durchführung einer umfassenden Stakeholder-Analyse. Hierbei identifizierten wir die Schlüsselpersonen, die für den Erfolg der Transformation von entscheidender Bedeutung waren. Dazu gehörten nicht nur Führungskräfte, sondern auch Mitarbeitende auf verschiedenen Ebenen sowie externe Partner und Investoren. Die Stakeholder-Analyse half uns, ein tiefes Verständnis für die unterschiedlichen Erwartungen, Bedenken und Bedürfnisse zu entwickeln, die mit der Veränderung verbunden waren (Kotter, 1996). Diese Erkenntnisse bildeten die Grundlage für den weiteren Prozess und ermöglichten es uns, die Veränderungsstrategie so zu gestalten, dass sie auf die spezifischen Anforderungen und Interessen der beteiligten Gruppen zugeschnitten war.

Auf Basis der Analyseergebnisse entwickelten wir einen detaillierten Kommunikationsplan, der eine kontinuierliche und transparente Informationsweitergabe sicherstellte. Der Kommunikationsplan zielte darauf ab, nicht nur die notwendigen Fakten zu vermitteln, sondern auch eine emotionale Verbindung zu schaffen und die Mitarbeitenden aktiv in den Veränderungsprozess einzubeziehen. Transparenz und regelmäßige Kommunikation sind nicht nur ein strategisches Werkzeug, sondern auch ein notwendiges Mittel, um Vertrauen aufzubauen, Ängste abzubauen und Widerstände frühzeitig zu erkennen und zu adressieren (Hiatt, 2006). Indem wir alle relevanten Stakeholder in den Veränderungsprozess einbezogen und von Anfang an ein klares Bewusstsein für die Notwendigkeit und die Ziele der Veränderung schufen, konnten wir eine breite Akzeptanz und Unterstützung für die bevorstehenden Veränderungen sichern.

Diese Vorbereitung bildete das Fundament, auf dem der gesamte Veränderungsprozess aufbaute und half, die Grundlage für eine erfolgreiche Transformation zu legen.

Change-Strategieentwicklung

Die Entwicklung einer Change-Strategie, folgt bewährten Prinzipien aus dem Change Management, die sowohl strategische als auch operative Aspekte berücksichtigen. Diese Herangehensweise ist in der Fachliteratur weit verbreitet und wird von Expert:innen als best practices für nachhaltige und erfolgreiche Veränderungen in Organisationen anerkannt.

Ein wichtiger Aspekt dieses Ansatzes ist die Bildung eines interdisziplinären Teams, das Mitarbeitende aus verschiedenen Abteilungen und Funktionen vereint. Diese integrative Methode fördert die Beteiligung aller relevanten Stakeholder und sorgt für eine breitere Akzeptanz der Veränderungsinitiativen. Laut Kotter (1996) ist es wichtig, Veränderungsprozesse systematisch in mehreren Phasen zu steuern und dabei alle Perspektiven in der Organisation zu berücksichtigen, um Widerstände zu überwinden und den Wandel nachhaltig zu gestalten.

Ein weiterer wichtiger Bestandteil der Strategieentwicklung ist das Risikomanagement. Indem mögliche Risiken, wie Widerstände oder veränderte Arbeitsprozesse, frühzeitig identifiziert und präventive Maßnahmen ergriffen werden, können potenzielle Hürden minimiert werden. Diese Vorgehensweise entspricht dem Ansatz von

Hiatt (2006), der in seinem ADKAR-Modell betont, dass ein erfolgreicher Veränderungsprozess auf der proaktiven Identifikation und Bewältigung individueller und organisatorischer Widerstände basiert.

Das Risikomanagement umfasst auch die Minimierung von Betriebsstörungen, was in der Praxis häufig durch die Einführung von Übergangsphasen erfolgt. Dies ermöglicht eine schrittweise Implementierung von Veränderungen und sorgt dafür, dass die täglichen Geschäftsvorgänge nicht beeinträchtigt werden. Laut Beer und Nohria (2000) ist diese langsame, aber stetige Umsetzung von Veränderungen ein entscheidender Erfolgsfaktor für den langfristigen Erfolg von Change-Initiativen, da sie den Mitarbeitenden Zeit gibt, sich anzupassen.

Die regelmäßige Kommunikation und Schulung der Mitarbeitenden, die in der Strategieentwicklung berücksichtigt werden, ist ebenfalls von zentraler Bedeutung. Sie trägt dazu bei, Vertrauen aufzubauen und das Engagement der Mitarbeitenden zu fördern. Diese kontinuierliche Einbindung und der Dialog mit den Mitarbeitenden sind nach Kotter (1996) und auch in modernen Change-Management-Theorien von entscheidender Bedeutung, um eine Veränderung dauerhaft in der Organisation zu verankern.

Insgesamt zeigt sich, dass eine umfassende und vorausschauende Planung, die sowohl strategische Ziele als auch die praktischen Herausforderungen des Veränderungsprozesses berücksichtigt, ein wesentlicher Erfolgsfaktor für die langfristige Stabilität und Akzeptanz von Veränderungen in Organisationen ist. Solch ein integrativer Ansatz führt zu nachhaltigen Veränderungen, die nicht nur auf kurzfristige Ergebnisse ausgerichtet sind, sondern auch die kulturellen und sozialen Dimensionen des Wandels in den Mittelpunkt stellen.

Die Entwicklung einer erfolgreichen Change-Strategie erfordert eine sorgfältige Planung und eine enge Zusammenarbeit aller Beteiligten. Aus diesem Grund haben wir uns für einen integrativen Ansatz entschieden und ein interdisziplinäres Team gebildet. Durch die Einbindung von Mitarbeitenden aus verschiedenen Bereichen konnten wir sicherstellen, dass alle Perspektiven und Bedürfnisse berücksichtigt wurden. Dies führte zu einer breiten Akzeptanz der Veränderungsprozesse und zu einem tieferen Verständnis für die Notwendigkeit der Transformation.

Indem wir alle relevanten Stakeholder einbezogen, gelang es uns, sowohl die Herausforderungen als auch die Chancen der Veränderung zu identifizieren und maßgeschneiderte Lösungen zu entwickeln, die sowohl strategischen als auch operativen Anforderungen gerecht wurden. Parallel dazu haben wir ein robustes Risikomanagement etabliert. Durch die systematische Analyse potenzieller Risiken konnten wir präventive Maßnahmen ergreifen, um Widerstände zu minimieren und den Veränderungsprozess zu stabilisieren. Dabei haben wir besonders auf die Auswirkungen von kulturellen Unterschieden, unklarer Kommunikation und veränderten Arbeitsabläufen geachtet. Ein wichtiger Aspekt war die Gewährleistung eines kontinuierlichen Geschäftsbetriebs während der Transformationsphase. Durch eine sorgfältige Planung von Übergangsphasen und gezielte Maßnahmen zur Minimierung von Störungen konnten wir dies sicherstellen.

Um eine hohe Akzeptanz und ein starkes Engagement der Mitarbeitenden zu erreichen, haben wir auf eine offene und transparente Kommunikation gesetzt. Durch gezielte Schulungen, Workshops und regelmäßige Informationsveranstaltungen haben wir dafür gesorgt, dass alle Beteiligten über die Gründe für die Veränderung, die damit verbundenen Herausforderungen und die geplanten Maßnahmen informiert waren.

Durch einen strukturierten und ganzheitlichen Ansatz konnte eine erfolgreiche Change-Strategie entwickelt werden. Die enge Zusammenarbeit aller Beteiligten, ein umfassendes Risikomanagement und eine klare Kommunikation waren die Schlüssel zum Erfolg. Dieser Ansatz hat nicht nur zur erfolgreichen Umsetzung der Veränderung beigetragen, sondern auch zu einer nachhaltigen Verankerung in der Organisation geführt.

Implementierung

In der Implementierungsphase legten wir besonderen Wert auf praxisorientierte Tests und Anpassungen, um die Change-Strategien auf ihre Wirksamkeit und Umsetzbarkeit zu überprüfen. Dies geschah durch die Durchführung von Pilotprojekten, die als kontrollierte Testumgebungen dienten. In diesen Pilotprojekten konnten neue Ansätze und Prozesse in einem überschaubaren Rahmen eingeführt und auf ihre Relevanz und Effizienz geprüft werden. Die daraus gewonnenen Erkenntnisse ermöglichten es uns, die Strategie kontinuierlich zu optimieren und sicherzustellen, dass die Veränderungen den Anforderungen des Unternehmens und seiner Mitarbeitenden gerecht wurden.

Ein weiterer zentraler Bestandteil der Implementierungsphase war die Einführung umfangreicher Schulungs- und Entwicklungsprogramme. Diese Programme wurden speziell darauf ausgerichtet, die Kompetenzen der Mitarbeitenden zu erweitern und sie auf die neuen Prozesse, Technologien und Arbeitsweisen vorzubereiten. Wir wollten sicherstellen, dass alle Beteiligten mit den notwendigen Fähigkeiten ausgestattet waren, um die Veränderung aktiv mitzugestalten und ihre Rolle im Transformationsprozess erfolgreich zu übernehmen. Die Schulungen konzentrierten sich auf die Vermittlung von Fachkenntnissen sowie auf die Förderung der persönlichen und sozialen Kompetenzen der Mitarbeitenden, wie z. B. Teamarbeit, Kommunikationsfähigkeiten und Problemlösungsfähigkeiten. Dies trug nicht nur zur Steigerung der Innovationskraft und Flexibilität bei, sondern unterstützte auch die persönliche Entwicklung der Mitarbeitenden, was zu einer höheren Motivation und einem stärkeren Engagement führte.

Zusätzlich zu den Schulungsmaßnahmen war es wichtig, regelmäßige Feedbackschleifen einzurichten, um sicherzustellen, dass alle Mitarbeitenden ihre Bedenken und Herausforderungen während des Veränderungsprozesses äußern konnten. Durch diesen offenen Dialog konnten wir potenzielle Widerstände frühzeitig erkennen und anpassen, was zu einer höheren Akzeptanz und reibungsloseren Umsetzung führte.

Die Implementierungsphase stellte sicher, dass die Veränderungen nicht nur theoretisch geplant, sondern praktisch erprobt und systematisch eingeführt wurden. Durch die Kombination von Pilotprojekten und umfassenden Schulungsprogrammen wurden die Mitarbeitenden aktiv in den Wandel einbezogen und optimal auf die zukünftigen Anforderungen vorbereitet.

Verankerung der Veränderungen

Um die Veränderungen langfristig und nachhaltig im Unternehmen zu verankern, setzten wir auf kontinuierliches Feedback und eine enge Begleitung des gesamten Veränderungsprozesses. Ein zentrales Element waren regelmäßige Feedback-Schleifen, die es uns ermöglichten, laufend Rückmeldungen von den Mitarbeitenden und Führungskräften zu sammeln. Diese Feedbacks gaben uns wichtige Einblicke in die Wirksamkeit der umgesetzten Maßnahmen und halfen uns, frühzeitig Anpassungen vorzunehmen, falls nötig. Auf diese Weise konnten wir sicherstellen, dass der Change-Prozess nicht nur planmäßig voranschritt, sondern auch flexibel auf die sich verändernden Bedürfnisse und Herausforderungen der Organisation reagieren konnte.

Zusätzlich zu den Feedback-Schleifen haben wir regelmäßige Bewertungen durchgeführt, um den Erfolg der Initiativen zu messen und sicherzustellen, dass die gesetzten Ziele erreicht wurden. Dies umfasste sowohl qualitative als auch quantitative Messgrößen, die uns halfen, den Fortschritt zu überwachen und gegebenenfalls Korrekturmaßnahmen zu ergreifen. Diese proaktive Herangehensweise an die Bewertung und Anpassung trug entscheidend dazu bei, dass die Veränderungen nicht nur umgesetzt, sondern auch langfristig in der Organisation verankert wurden.

Parallel zur systematischen Feedback-Erhebung lag unser Fokus auch auf der kulturellen Integration der Veränderungen. Wir implementierten gezielte Maßnahmen, um eine Change-unterstützende Kultur zu fördern. Dies beinhaltete Workshops, regelmäßige Kommunikation und die Förderung von Leadership-Programmen, die den Führungskräften helfen, als Vorbilder für die neuen Werte und Verhaltensweisen zu fungieren. Indem wir sicherstellten, dass die Veränderungen in die tägliche Arbeit und die Unternehmenskultur integriert wurden, konnten wir Widerstände minimieren und die Akzeptanz und das Engagement der Mitarbeitenden weiter steigern.

Durch diese umfassende und kontinuierliche Integration der Veränderungen konnten wir nicht nur kurzfristige Erfolge erzielen, sondern auch eine solide Grundlage für die langfristige Verankerung der Veränderungsprozesse im Unternehmensalltag schaffen. Die Unternehmenskultur wurde so gezielt weiterentwickelt, dass sie die Veränderungen unterstützte und den kontinuierlichen Wandel förderte.

Nachbereitung der Veränderungen

Die Nachbereitung von Veränderungsprozessen ist ebenso wichtig wie die Implementierung und die Verankerung der Veränderungen im Unternehmen. In unserer Erfahrung haben wir festgestellt, dass die Nachbereitung der Veränderungen nicht nur als Abschluss, sondern als kontinuierlicher Prozess betrachtet werden muss, um langfristigen Erfolg und Nachhaltigkeit zu gewährleisten.

Ein wesentlicher Bestandteil der Nachbereitung war die systematische Evaluierung der umgesetzten Maßnahmen. Dazu führten wir regelmäßige Nachbesprechungen mit den relevanten Stakeholdern durch, um zu überprüfen, ob die angestrebten Ziele erreicht wurden und welche weiteren Anpassungen erforderlich sind. Diese Gespräche halfen uns, tiefergehende Einblicke in die langfristige Wirkung der Veränderungen zu erhalten und die Auswirkungen auf die Unternehmenskultur sowie auf die Mitarbeitenden zu beurteilen.

Wir setzten dabei auf eine ausgewogene Mischung aus qualitativen und quantitativen Analyseinstrumenten. Dazu gehörten Mitarbeitendenumfragen, Interviews und Fokusgruppen, die uns halfen, das Stimmungsbild und die Wahrnehmung der Mitarbeitenden zu erfassen. Gleichzeitig wendeten wir Kennzahlen und Performance-Indikatoren an, um messbare Ergebnisse in Bezug auf Produktivität, Effizienz und Mitarbeitendenengagement zu prüfen. Die regelmäßige Durchführung dieser Messungen ermöglichte es uns, frühzeitig Probleme zu identifizieren und bei Bedarf umgehend Gegenmaßnahmen zu ergreifen.

Ein weiterer wichtiger Aspekt der Nachbereitung war die kontinuierliche Weiterbildung und Unterstützung der Führungskräfte. Durch die Entwicklung von spezialisierten Programmen konnten wir sicherstellen, dass die Führungskräfte ihre Rollen als Change Agents weiterhin aktiv wahrnahmen. Diese Programme fokussierten sich auf die Verbesserung von Führungsfähigkeiten, die Förderung einer positiven Fehlerkultur und die Weiterentwicklung der Fähigkeiten zur Unterstützung der Mitarbeitenden während des Veränderungsprozesses.

Durch die gezielte Unterstützung und fortlaufende Schulung der Führungskräfte konnten wir sicherstellen, dass sie die Veränderungen nachhaltig in ihren Teams implementieren und die Mitarbeitenden langfristig motivieren konnten. Diese fortlaufende Entwicklung war ein Schlüsselelement, um die Veränderungen stabil in der Organisation zu verankern.

Zusätzlich zur Führungskräfteentwicklung war es entscheidend, die Unternehmenskultur weiterhin aktiv zu gestalten. Wir etablierten regelmäßige Reflexions- und Feedbackprozesse, in denen Mitarbeitende und Führungskräfte ihre Erfahrungen teilen und gemeinsam an der weiteren Entwicklung der Unternehmenskultur arbeiten konnten. Dies förderte ein kontinuierliches Lernen und sorgte dafür, dass die Organisation flexibel auf zukünftige Herausforderungen reagieren konnte.

Insgesamt stellte die Nachbereitung sicher, dass der Veränderungsprozess nicht als abgeschlossen betrachtet wurde, sondern als fortlaufende Entwicklung, die aktiv gesteuert und kontinuierlich verbessert wird. Durch regelmäßige Evaluierung, Weiterbildung und ein systematisches Feedback-Management konnten wir sicherstellen, dass die Veränderungen langfristig in die Struktur und Kultur des Unternehmens integriert wurden und den Unternehmenserfolg nachhaltig unterstützten. Die Bereitschaft zur kontinuierlichen Anpassung und das kontinuierliche Lernen bildeten die Grundlage für die erfolgreiche Nachbereitung und die nachhaltige Etablierung des Wandels.

Evaluation und kontinuierliche Verbesserung

Die abschließende Phase unseres Change-Management-Prozesses beinhaltete regelmäßige Reviews, um den Fortschritt der Change-Management-Initiativen zu überwachen und sicherzustellen, dass die festgelegten Ziele erreicht wurden. Dieser kontinuierliche Evaluierungsprozess ist ein wesentlicher Bestandteil effektiver Change-

Strategien und wurde als integraler Bestandteil unserer Arbeit implementiert. Wie in der Literatur betont wird, sind regelmäßige Reviews entscheidend, um den Veränderungsprozess nicht nur zu überwachen, sondern auch agil auf neue Entwicklungen und Feedbacks zu reagieren (Kotter, 1996). Unsere dynamische Anpassung ermöglichte es uns, flexibel auf Veränderungen im Unternehmensumfeld sowie auf internes Feedback zu reagieren. Diese agilen Anpassungen halfen uns, sicherzustellen, dass unsere Change-Management-Strategien stets relevant und effektiv blieben, um die langfristigen Unternehmensziele zu unterstützen.

Ein zentraler Aspekt der Evaluation war die Implementierung moderner digitaler Technologien, die die Effizienz unserer Change-Management-Prozesse maßgeblich verbesserten. Durch den Einsatz von Datenanalyse-Tools und Kommunikationsplattformen konnten wir den Erfolg unserer Initiativen in Echtzeit überwachen und datenbasierte Entscheidungen treffen. Diese Technologien trugen nicht nur zur Verbesserung der Kommunikation und des Informationsaustauschs bei, sondern unterstützten auch die präzise Analyse von Fortschritten und Hindernissen im Veränderungsprozess. Laut Beer und Nohria (2000) spielt der Einsatz von Technologie eine zentrale Rolle bei der erfolgreichen Implementierung von Change-Management-Initiativen, indem sie Entscheidungsprozesse beschleunigt und eine genauere Nachverfolgung ermöglicht.

Darüber hinaus passten wir unsere Change-Management-Strategien an unterschiedliche kulturelle Kontexte an. Dies war besonders wichtig in einer zunehmend globalisierten Welt, in der Unternehmen ihre Initiativen auf internationalen Märkten erfolgreich umsetzen müssen. Die Berücksichtigung von kulturellen Unterschieden und die Anpassung unserer Strategien an lokale Gegebenheiten trugen wesentlich dazu bei, Widerstände zu minimieren und die Akzeptanz in den verschiedenen Regionen zu erhöhen. Dieses Prinzip der kulturellen Anpassung ist ein wesentlicher Bestandteil eines integrativen Change-Management-Ansatzes (Hiatt, 2006).

Durch diesen strukturierten und integrativen Ansatz konnten operative Herausforderungen erfolgreich gemeistert und eine Kultur der kontinuierlichen Verbesserung sowie des gemeinsamen Lernens etabliert werden. Die regelmäßige Anpassung unserer Strategie und die kontinuierliche Evaluation unserer Prozesse führten dazu, dass wir nicht nur kurzfristige Erfolge erzielten, sondern auch langfristige, nachhaltige Veränderungen in der Organisation implementieren konnten. Wie in der Literatur betont wird, ist kontinuierliche Verbesserung eine Schlüsselkomponente des Change Managements (Kotter, 1996).

Dieser umfassende Change-Management-Prozess die Position des Unternehmens auf dem globalen Markt und im Konzern gestärkt sowie nachhaltiges Wachstum gefördert. Der strategische Einsatz von modernen Technologien und die systematische Anwendung bewährter Methoden führten dazu, dass Veränderungen nicht als Belastung, sondern als Chance für langfristigen Erfolg wahrgenommen wurden. Die Förderung einer lernenden Organisation, die kontinuierlich aus Erfahrungen lernt und sich an Veränderungen anpasst, ist ein entscheidender Faktor für die langfristige Stabilität und den Erfolg eines Unternehmens. Unser Ansatz zeigt, dass Change Management eine strategische, integrative und technologiegestützte Herangehensweise erfordert, um in einem wettbewerbsintensiven Umfeld nachhaltig erfolgreich zu sein.

Literatur

Alvesson, Mats/ Spicer, André (2016): The Stupidity Paradox: The Power and Pitfalls of Functional Stupidity at Work, Profile Books.

Alvesson, Mats (2002): Understanding Organizational Culture, SAGE Publications.

Alvesson, Mats/ Sköldberg, Kaj (2000): Reflexive Methodology: New Vistas for Qualitative Research, SAGE Publications.

Armenakis, A. A., Harris, S. G., & Mossholder, K. W. (1993): Creating readiness for organizational change, Human Relations, 46(6), 681-703.

Bain & Company (2017): Making Change Stick: How Successful Companies Adapt to Market Shifts, Bain & Company.

Bain & Company (2018): Continuous Improvement and Adaptation in Transformation Processes, Bain & Company.

Berwick, Isabel/ Clark, Pilita (2024): Transcript: What managers get wrong about Gen Z. In Financial Times, www.ft.com, 28. August 2024.

BCG (2020): Global supply chain survey: Navigating disruption, Boston Consulting Group.

Beer, M., & Nohria, N. (2000): Cracking the Code of Change, Harvard Business Review.

Boston Consulting Group (2021): Global supply chain survey: Navigating disruption, McKinsey & Company.

Cameron, E., & Green, M. (2015): Making Sense of Change Management, Kogan Page.

Deloitte (2019): Global Human Capital Trends: Leading the Social Enterprise, Deloitte Insights.

Deloitte (2020): Global Human Capital Trends: Leading the Social Enterprise, Deloitte

Deloitte (2020): Global Risk Management Survey.

Deloitte (2021): Global Human Capital Trends, Deloitte.

Deloitte (2022): Deloitte Millennial Survey, Deloitte.

Deutsche Telekom (2018): Digitale Transformation und ihre Auswirkungen auf das Unternehmen, Deutsche Telekom AG - Jahresbericht.

Deutsche Telekom (2019): Agile Transformation – Erfolgsfaktoren der digitalen Transformation bei der Telekom, Telekom Innovationsbericht 2019.

Deutsche Telekom (2020): Kundenorientierung und Digitalisierung der Telekommunikation, Deutsche Telekom - Geschäftsbericht 2020.

Fairclough, Norman (1989): Language and Power, Longman.

Fairclough, Norman (1992): Discourse and Social Change, Polity Press.

Fairclough, Norman (1995): Critical Discourse Analysis: The Critical Study of Language, Longman.

Gallup (2020): State of the American Workplace, Gallup.

Gartner (2020): Managing Ethics and Compliance in Consulting Services.

Gartner (2020): Market Guide for Digital Transformation.

Gartner (2020): Market Guide for ESG and Sustainability Services.

Gartner (2020): Talent Management in a Digital Age.

Gartner (2020): The Impact of Digital Transformation, Gartner.

Gartner (2021): Future of Consulting: Navigating Strategic Challenges, Gartner.

Gartner (2023): Hype Cycle for Business Process Management, Gartner.

Greschuchna, Larissa (2006): Vertrauen in der Unternehmensberatung. Einflussfaktoren und Konsequenzen. Deutscher Universitätsverlag Wiesbaden.

Harvard Business Review (2019): Why Communication is Key to Successful Change Management, Harvard Business Review.

Harvard Business Review (2020): How to Manage Change with a Human-Centered Approach, Harvard Business Review.

Harvard Business Review (2020): The Future of Work and Consulting.

Harvard Business Review (2020): The Role of Culture in Employee Retention.

Harvard Business Review (2020): The Role of Ethics in Consulting: A Changing Landscape.

Heifetz, Ronald A., Grashow, Alexander & Linsky, Marty (2009): The Practice of Adaptive Leadership: Tools and Tactics for Changing Your Organization and the World, Harvard Business Press.

Heintel, Peter (2006): Beratung und Ethik: Praxis, Modelle, Dimensionen. Leutner Verlag.

Hiatt, J. M. (2006): ADKAR: A Model for Change in Business, Government, and Our Community, Prosci.

Imai, Masaaki (1986): Kaizen: Der Schlüssel zum Erfolg der Japaner im Wettbewerb, Wirtschaftsverlag Langen-Müller/Herbig, München.

Jansen, A. Stephan (2012): "Das Dilemma der Berater", in: brand eins.

Kotter, John P. (1996): Leading Change, Harvard Business Review Press.

Kotter, John P. (2012): Leading Change, Harvard Business Review Press.

KPMG (2021): Sustainability Services: Leading with Purpose.

Kühl, Stefan (2015): Wenn die Affen den Zoo regieren: Die Tücken der flachen Hierarchien, Murmann Verlag.

Kühl, Stefan (2018): Organisationskultur und Change Management: Herausforderungen der Veränderung von Unternehmen, Springer Gabler.

Kühl, Stefan (2020): Organisationskultur und Change Management: Herausforderungen der Veränderung von Unternehmen, Springer Gabler.

Lagler-Özdemir, Barbara / Özdemir, Hüseyin (2014): Coaching Praxis, 2. Auflage, edition oezpa, SARIM Management Verlag, Bornheim.

Lagler-Özdemir, Barbara / Özdemir, Hüseyin (2017): Die Innere Organisation. In: Train the Coach: Konzepte, Methoden - Bernd Schmid, Oliver König (Hrsg.), Manager Seminare Verlag.

Lagler-Özdemir, Barbara / Özdemir, Hüseyin (2019): Interkulturelles Coaching. In: Handbuch Coaching - Christopher Rauen (Hrsg.), 4. Auflage, Hogrefe Verlag, Göttingen.

Lagler-Özdemir, Barbara / Özdemir, Hüseyin (2022): Konfliktbearbeitung durch Organisations-Coaching. In: Fichtner, A., Müller, W. (Hrsg.), Kritisches Coaching - Mediation in Deutschland, E-publi, Berlin.

Lagler-Özdemir, Barbara / Özdemir, Hüseyin (2023): Die Organisationscoaching Methode, Vandenhoek Ruprecht Verlag, Göttingen.

Lagler-Özdemir, Barbara / Özdemir, Hüseyin (2024): Den Stillstand überwinden. Organisationale Übergangssituationen methodisch begleiten. In: Zeitschrift für OrganisationsEntwicklung/ZOE. Nr. 4 |2024. S. 22.

Liker, Jeffrey K. (2004): The Toyota Way: 14 Management Principles from the World's Greatest Manufacturer, McGraw-Hill, New York.

McKinsey & Company (2019): The Organizational Health Index: Achieving Change Success, McKinsey & Company.

McKinsey & Company (2020): The Digital Transformation Imperative, McKinsey.

McKinsey & Company (2020): The Future of Work: How Automation is Reshaping the Workforce, McKinsey & Company.

McKinsey & Company (2020): The Role of ESG in Transforming Businesses.

McKinsey & Company (2020): The State of Digital Transformation, McKinsey.

McKinsey & Company (2021): Compliance and Ethics in Consulting: Long-Term Strategic Advantages.

McKinsey & Company (2021): The Impact of Strategy Consulting, McKinsey Insights.

Özdemir, Hüseyin (2010): Change Management Praxis – Strategische Organisationsentwicklung. Ein Leitfaden für Führungskräfte und Berater, Leutner Verlag, Berlin.

Özdemir, Rafael Sarim / Özdemir, Hüseyin (2024): Von der Changemüdigkeit zur Arbeitsmüdigkeit. Ursachen, Auswirkungen und Bewältigungsstrategien. In: Journal bso 4/2024, Seite 8.

Parker, Martin (2002): Against Management: Organization in the Age of Managerialism, Polity Press.

Parker, Martin (2011): Alternative Business: Outlaws, Crime and Culture, Routledge.

Peters, Patrick (2023): Nachhaltige Wirtschafts- und Unternehmensethik, Kohlhammer, Stuttgart.

Peters, Patrick / Bauer, Martin (2024): Diversity Management, Kohlhammer, Stuttgart.

PwC (2020): Future of Work: A Global Perspective on Talent.

PwC (2020): Global CEO Survey: Rebuilding Trust in a Volatile World, PwC Global.

PwC (2020): Sustainability: The New Bottom Line, PwC Global.

PwC (2021): Regulatory Insights: Managing Change and Complexity in the Consulting Sector.

Schein, E. H. (2010): Organizational Culture and Leadership, Jossey-Bass.

Senge, Peter (1990): Die fünfte Disziplin: Kunst und Praxis der lernenden Organisation, Klett-Cotta, Stuttgart.

UN Global Compact (2021): Sustainable Development Goals, United Nations.

Willmott, H., & Knights, D. (1999): Organization Theory and Management: Critical Perspectives.

Willmott, Hug / Watson, Tony (1996): Making Sense of Management: A Critical Introduction, SAGE Publications.